Oración: La puerta abierta del cielo

Nancy McDaniel

© 2015 por Nancy McDaniel

Publicado por Aglow International

Impreso en Estados Unidos de América

Todos los derechos reservados. Ninguna parte de esta publicación puede ser reproducida, almacenada en cualquier sistema de recuperación o transmitida de ninguna manera—por ejemplo, electrónico, fotocopia, grabación—sin la autorización previa de la casa editorial. La única excepción es para citas cortas en reseñas impresas.

Library of Congress Cataloging-in-Publication Data

Los textos Bíblicos han sido tomados de la Santa Biblia, Nueva Versión Internacional®

NVI® Copyright © 1999 por Biblica, Inc.® Utilizado con permiso. Todos los derechos reservados.

Otros textos Bíblicos, identificados como "RVR1995", fueron tomados de la versión Reina-Valera 1995, Reina-Valera 95® © Sociedades Bíblicas Unidas, 1995. Utilizado con permiso.

ISBN 978-1-60920-107-4

Reconocimientos

He sido impactada e influenciada fuertemente en este proyecto por las vidas y enseñanzas de Jane Hansen Hoyt y Graham Cooke. Estos dos grandes líderes han sido fundamentales en mi comprensión y aplicación de cómo vivir del cielo a la tierra como un estilo de vida y me han dado oportunidades de crecimiento exponencial al procesar yo todo lo relacionado con la vida en la atmósfera del Reino de Dios. Al ser influenciada por su instrucción y al verlos modelar estos principios del Reino en sus vidas, he sido transformada por la renovación de mi mente (Ro. 12:2). Los honro a ambos por las semillas de conocimiento y sabiduría que han sembrado en mi vida y en el Reino. Su influencia está reflejada en muchos de los pensamientos que presento en este libro.

Agradecimiento especial

Deseo dar un agradecimiento especial a varias personas que me inspiraron, alentaron y ayudaron con este proyecto. Jane Campbell, muchas gracias por tu excelencia y aliento en el proceso de edición. Pam Eichorn y Sherry Gilmore de Ajoyin Publishing, gracias por su optimista entusiasmo en este trayecto y por su demostración de cómo terminar bien. Rick Allen, tu arte para la portada expresa el concepto de una manera muy hermosa. Kay Rogers, gracias por gestionar tantos detalles a lo largo del camino. Y, por supuesto, Dave, somos socios en cada proyecto—gracias por tu apoyo amoroso.

Este libro está dedicado a los incontables intercesores alrededor del mundo que traen la atmósfera del cielo a la tierra todos los días a través de la oración.

Contenido

1: *Su vida en oración*
página 1

2: *Cómo experimentar la oración que da vida*
página 5

3: *Qué encontramos en el lugar secreto*
página 19

4: *El dilema de la oración sin respuesta*
página 35

5: *Oremos como Jesús oró*
página: 47

6: *Padre nuestro que estás en el cielo*
página 57

7: *Oremos del cielo a la tierra*
página 65

8: *Recibamos los recursos del cielo*
página 73

9: *La libertad del perdón*
página 79

10: *Venzamos el mal*
página 87

11: *Vida fructífera, oración fructífera*
página 99

1

Su vida en oración

Aprendí una verdad perdurable de lo que es una vida con significado en Cristo cuando era joven. Me encontré con una cita de Albert J. Wollen que dice que cada cristiano puede disfrutar de "comunión constante y consciente con Dios". ¡Guau! Comunión constante y consciente—estar apercibido de la presencia de Dios en mi vida, momento a momento, adorándolo y hablando con Él todo el tiempo de una forma práctica y razonada.

Esas tres palabras sencillas—*comunión constante y consciente*—han marcado mi vida desde entonces porque me percaté de que toda la vida en Jesucristo es 24/7. Puedo disfrutar de estar con Dios sin importar qué esté haciendo. A él le interesa estar ahí conmigo también. Esas tres palabras han sido el punto de referencia para recordarme que todo lo que hacemos para nutrir nuestra vida espiritual—cosas como la oración, estudiar la Biblia, adorar, amarnos unos a otros y servir—todo ello no es simplemente lo que hacemos, sino que es lo que somos.

Usted está en Cristo

En 1 Corintios 1:30 dice, "Pero gracias a él ustedes están unidos a Cristo Jesús, a quien Dios ha hecho nuestra sabiduría, es decir, nuestra justificación, santificación y redención". Y Colosenses 1:27 dice, "A ellos, Dios quiso dar a conocer las riquezas de la gloria de este misterio entre los gentiles, que es Cristo en vosotros, esperanza de gloria." (RVR1995) Usted está en Jesucristo y Jesucristo, en usted; Él es la esperanza de gloria. Nuestra vida en Cristo no es algo que nosotros hacemos, ni la opinión teológica que tenemos ni una siempre forma de ver la vida. Nuestra vida en Cristo es lo que somos.

Esto se aplica a nuestra vida de oración, también. La oración es nuestra vida en Cristo. Es lo que somos. La oración no puede estar separada de lo que somos, como si fuera simplemente algo que hacemos. La oración está en nosotros y nosotros estamos constantemente en oración.

Hace unos años, le preguntaron a una amiga, "¿Cuándo oras? ¿Oras en la mañana o en la noche? ¿Varias veces al día?" Su respuesta fue inmediata, ella dijo, "Mi vida es una oración".

Su respuesta concuerda con 1 Tesalonicenses 5:17, "Oren sin cesar". Una cita que va paralela está en 1 Corintios 6:19, "¿Acaso no saben que su cuerpo es templo del Espíritu Santo, quien está en ustedes y al que han recibido de parte de Dios? Ustedes no son sus propios dueños". Refleja, además, las palabras de Jesús en Marcos 11:17, "Mi casa [o templo] será llamada casa de oración para todas las naciones".

Creo que eso lo incluye a usted, pues usted es templo del Espíritu Santo. Su vida misma es la casa de oración de Cristo.

Oración en el lugar secreto

Como líder de oración, he participado en muchos eventos multitudinarios de oración y en redes muy interconectadas de oración estratégicas. Estos movimientos, cuando Dios es quien da las instrucciones, son poderosas. Es muy emocionante y efectivo cuando el Capitán de los ejércitos alinea las tropas de guerreros de oración y da la orden de atacar para que tomen un territorio importante para Su Reino. Sin embargo, he llegado a la conclusión de que, mientras estamos en la tierra, a Jesús le interesa más que Sus discípulos aprendan a orar en el lugar secreto.

Su enseñanza y su ejemplo, especialmente en Mateo 6, son esenciales para que comprendamos la oración:

> "Pero tú, cuando te pongas a orar, entra en tu cuarto, cierra la puerta y ora a tu Padre, que está en lo secreto. Así tu Padre, que ve lo que se hace en secreto, te recompensará."
>
> Mt. 6:6

El lugar secreto es vital para la oración efectiva y que trae vida. Aún hoy Jesús nos llama a aprender el gozo y el poder de conocerlo en el lugar secreto de oración. Desde ese lugar encontraremos que recibimos poder cuando el Capitán de los ejércitos de la gloriosa orden de que poseamos territorio para Su Reino. Cuando lo haga, tomaremos más territorio, oraremos con más precisión y veremos que más de nuestras oraciones son respondidas con cada vez mayores niveles de abrumadora victoria. También encontraremos el gozo al conocer a Dios en una magnitud mayor a la imaginada a medida que lo conocemos íntimamente en oración y adoración interactiva en el lugar secreto.

El año pasado, mi esposo y yo sentimos el anhelo de apartar un espacio en nuestro hogar para que fuera el lugar secreto de oración. Nos dimos cuenta de que con rediseñar un poco una parte de la casa, podíamos tener una habitación en la cual pasar tiempo privado con el Señor. Al principio, al comenzar a decorar este lugar especial pensamos en lo que los dos queríamos que tuviera para hacerlo un lugar cómodo. Pero, al salir a comprar el mobiliario, sentimos que el Señor dijo, *Esta es mi habitación. Yo elegiré los muebles.* No nos habíamos percatado lo interesado que estaba Él en tener una habitación en nuestra casa. Hubo un cambio total en la forma en la que veíamos, ya no era nuestra habitación para Él, sino que se convirtió en Su habitación para nosotros.

Cuando Jesús dijo que nuestro Padre está esperándonos en el lugar secreto, no lo dijo solo por dar una ilustración ingeniosa. Él estaba compartiendo una verdad profunda. Nuestro Padre realmente está esperándonos y anhelando pasar tiempo con nosotros.

Tal vez usted piense en su sillón reclinable favorito, el costado de su cama o la mesa en la cocina como su lugar especial de reunión con Él. Pero, el lugar secreto de oración y devoción es más una postura de corazón que una ubicación física. Ya sea que usted tenga o no un lugar especial en donde se reúna con el Señor, usted lleva dentro el lugar secreto. ¿Cómo puede ser esto? Es así porque Cristo está en usted y usted está en Cristo. Cuando estamos en Él vivimos permanentemente en ese lugar íntimo.

Lo que me lleva a dos preguntas muy importantes (si hemos de ser totalmente honestos): ¿Será que su vida con Dios da vida o drena vida? ¿Está usted viviendo en ese lugar íntimo?

Veremos el lugar secreto en mayor detalle en el capítulo 3. Pero quiero explorar la primera pregunta en el capítulo siguiente.

2

Cómo experimentar la oración que da vida

¿Alguna vez ha tenido la oportunidad de usar una plomada? Una plomada es un cordel al que se le sujeta un peso en un extremo y que se utiliza para determinar si algo—digamos una tira de papel tapiz—está recto. También se puede usar para medir la profundidad de un cuerpo de agua. Hay una pregunta que me hago a mí misma para casi cada área de mi vida. Pienso en ella como si fuera una pregunta "de plomada" porque me ayuda a mantener el balance y la alineación. Además, me ayuda a saber si estoy nadando o ahogándome en las aguas más profundas de la vida.

La pregunta que me hago acerca de cualquier actividad es: ¿Esto me da vida o me la drena?

Puesto que ya sé que estará de acuerdo conmigo en que la oración es esencial para una relación vital y progresiva con Dios, necesitamos hacernos esa "pregunta de plomada": ¿Será que mis oraciones dan vida o la drenan?

La oración se convierte en algo que drena la vida cuando está estancada. Sin el ciclo de la marea de una relación creciente y vigorosa con Dios, se desviará a una recitación unilateral de nuestras necesidades. Encontraremos que hay poco gozo o deleite en una oración que está solo por conservar una disciplina o por seguir un patrón estático. Tengo el presentimiento que Dios tampoco las disfruta mucho. Y, donde no hay vida, hay poca relación y están ausentes el poder y el propósito.

Pero la oración no tiene porqué drenar la vida; puede darla. En una relación vibrante, los participantes disfrutan de comunicación significativa que incluye el llegar a conocer a la otra persona—sus pensamientos, forma de ser, hábitos, sueños y deleites—de una forma cada vez mayor y más dinámica. Incluye escuchar lo que dice con palabras, con el corazón, con su expresión y con sus acciones. Puede haber interacción dinámica sin que se pronuncie una palabra, simplemente con el hecho de estar juntos.

Eso es exactamente lo que es la oración en el lugar secreto.

Yo he descubierto cinco maneras en las que podemos experimentar este tipo de oración que da vida y las exploraremos en este capítulo.

1. Conozca a Dios

¿Cómo perseguimos una relación vigorosa y dinámica con Dios? Primero, al llegar a conocer al Padre.

En el lugar secreto aprendemos de Su carácter de una forma en la que no se puede aprender en otro lugar. Aprendemos *acerca* de Dios, Su carácter y forma de ser, cuando lo estudiamos a Él en Su Palabra, la Biblia. Pero con la oración en el lugar secreto, aprendemos del carácter de Dios acudiendo directamente a Él, de forma íntima. Nos aproximamos al Señor cara a cara para que cuando oremos, sepamos con quién estamos hablando y quién nos responde. Esta es la primera manera en la que encontramos una relación vibrante, llena de vida con Él.

En el lugar secreto de oración, somos atraídos hacia la magnificencia de Dios, Su grandeza, majestad, santidad, fidelidad, gracia, misericordia, bondad y benignidad. El lugar secreto con Él es donde aprendemos de Su favor sin límites hacia nosotros y descubrimos la plenitud de Su bondad y deleite.

La mayoría de nosotros tenemos linderos que limitan lo que esperamos del favor de Dios hacia nosotros. Estos linderos están en una variedad de lugares. Puede ser que alberguemos creencias erradas o inseguridades personales o temores. El fondo del asunto es que nos resulta difícil creer lo bueno que Dios quiere ser con nosotros.

Podemos pasar mucho tiempo concentrándonos en nosotros mismos y tratando de analizar porqué vivimos bajo expectativas tan limitadas. Esta introspección puede ser interesante y útil, hasta cierto punto. Podríamos incluso experimentar algunas aperturas que pueden traer cierto grado de libertad y de creciente victoria. Concentrarnos en nosotros mismos, sin embargo, no nos liberará de la caja en donde están encerradas nuestras expectativas limitadas. Como mucho, ¡nos ayudará a agrandar la caja!

Entonces, ¿cómo salir de nuestras expectativas limitadas? Lo logramos cuando conocemos al Padre en el lugar secreto. Es ahí donde los límites de nuestras expectativas de Él comienzan a disolverse. Al conocerlo mejor, nos damos cuenta de que Él quiere bendecirnos más de lo que nosotros deseamos Sus bendiciones. ¡Imagine eso! Y entonces recibimos una revelación profunda, ilimitada, de Su carácter que—a medida que oramos—expande nuestras expectativas.

La oración se convierte en algo que da vida cuando sabemos que Dios es la prioridad. Darnos cuenta de que Su favor y gracia hacia nosotros son inmerecidas e ilimitadas nos infundirá de sorprendente vigor y satisfacción en la oración.

2. Escuche a Jesús orar

La segunda manera en la que se experimenta la oración que da vida es cuando escuchamos a Jesús orar.

Jesús realmente disfrutaba de la oración. Él es el gran Intercesor. Hebreos 7:25 nos dice que Él puede "salvar por completo a los que por medio de él se acercan a Dios, ya que vive siempre para interceder por ellos". Romanos 8:34 dice que Él "está a la derecha de Dios e intercede por nosotros". El Hijo de Dios, a la diestra del Padre, escucha Su corazón en todo momento. Él conoce los deseos del corazón del Padre de manera profunda e íntima y ora el favor de Dios hacia nosotros.

Cuando acallamos nuestra vida en el lugar secreto para estar con Dios y escuchar la manera en la que Jesús ora, aprendemos a orar. Descubriremos que no hay mejor compañero de oración que Jesús cuando nos ponemos de acuerdo con Él. Al estar de acuerdo con lo que Jesús ya está orando por nosotros y por otros, tenemos garantizada la respuesta a nuestras oraciones según la voluntad del Padre.

Hace poco estaba orando por una nación en particular. Había estado siguiendo unas historias en las noticias relacionadas con temas económicos serios, personas frustradas que participaban en revueltas y todo tipo de disturbio en el país. Pensé que tenía buena idea de la dirección para orar, pero, al acallar mis pensamientos y meditar en la bondad de mi Padre, comencé a sentir que Jesús ya estaba orando de una forma diferente.

Mis pensamientos pasaron del caos en ese país a un líder

ministerial que conozco ahí. Al imaginarla, vi que ella tenía una herida abierta muy profunda en su cabeza. Me preocupé pensando que tal vez estaba herida y comencé a orar por su sanidad, especialmente en esa área de su cabeza.

Al siguiente día recibí palabra que decía que ella había sufrido una convulsión repentina y la pérdida de su memoria. Aunque no tenía la herida en la cabeza, creo que el Señor usó esa imagen para atraer mi atención a su cerebro—el área de su cuerpo que necesitaba oración.

¿Cómo supe qué orar? Lo supe porque escuché ahí en el lugar secreto lo que Jesús ya estaba orando, y oré en acuerdo con Sus oraciones.

3. Observe al Espíritu Santo

La tercera manera de experimentar una relación de oración que da vida con Dios es al observar al Espíritu Santo.

La tercera Persona de la Trinidad me fascina. Él es tan activo. El Espíritu Santo es el "multitareas" por definición. Mientras que está ocupado glorificando al Hijo y haciendo la voluntad del Padre, se ocupa de los discípulos de Jesús—¡de nosotros!—como Sus proyectos de transformación, con el objetivo de llevarnos a una maravillosa madurez. El Espíritu Santo está desarrollándonos para tener una mayor capacidad para el Reino de Dios. Al mismo tiempo, Él atrae a quienes aún no conocen a Jesús para que tengan sus encuentros personales con Dios. A Él no le intimidan todas estas tareas, de hecho Él disfruta del desafío.

El Espíritu Santo no es una presencia etérea, ni un "ente". Él es un amigo real que es nuestro Maestro y Guía. Él se mueve constantemente a nuestro favor. Él es poder. Él es fuego. Y Él suena como un viento fuerte. Él es el miembro de la Trinidad que pone las cosas en movimiento.

El Espíritu Santo se mueve conforme a la sabiduría y caminos de Dios. Al verlo moverse podemos aprender cómo cooperar con Dios, quien está formando Su bondad en nosotros.

Nuestra vida, indistintamente de cómo luzca, no es una compilación de situaciones aleatorias y circunstancias fortuitas. Todo lo que nos sucede y lo que sucede a nuestro alrededor es parte de la estrategia del Espíritu Santo para acercar nuestras percepciones a la percepción que Dios tiene de nosotros. Puede ser que un día, el Espíritu ponga una carrera de obstáculos delante nuestro para desafiar nuestras debilidades y prepararnos para ascender en el Reino. Otro día, puede ser que cierre la puerta para algo que pensamos que era la oportunidad "perfecta", simplemente porque Él tiene la verdadera oportunidad perfecta en otro lugar. Luego, puede ser que Él se dé la vuelta y amontone bendiciones inesperadas sobre nosotros simplemente porque quiere que conozcamos el favor del Padre de forma más profunda.

En el lugar secreto de oración aprendemos a ver que el Espíritu Santo se mueve en nuestra vida a través de estas situaciones y muchas más.

Cuando observamos la sabiduría del Espíritu y cómo Él se mueve, se nos permite cooperar con la forma en la que Él está moviéndose a favor de otros con nuestras oraciones. Oramos en común acuerdo con lo que Él está haciendo en lugar de solo orar nuestras "buenas" ideas u opiniones y hablamos acertadamente desde la sabiduría de Dios hacia las vidas de otros.

Participar con Dios cuando Él manifiesta Sus planes en nuestra vida es una forma emocionante de vivir. Es vivificante cooperar con Él en lugar de preguntarnos a ciegas qué está haciendo. Hay satisfacción en asociarnos con Dios cuando

Él trabaja en la vida de otros. Es asombroso ver cómo Él orquesta situaciones del mundo y temas sensibles cuando nosotros oramos y nos unimos a Él.

Romanos 8:26-28 dice,

> "Así mismo, en nuestra debilidad el Espíritu acude a ayudarnos. No sabemos qué pedir, pero el Espíritu mismo intercede por nosotros con gemidos que no pueden expresarse con palabras. Y Dios, que examina los corazones, sabe cuál es la intención del Espíritu, porque el Espíritu intercede por los creyentes conforme a la voluntad de Dios. Ahora bien, sabemos que Dios dispone todas las cosas para el bien de quienes lo aman, los que han sido llamados de acuerdo con su propósito."

Frecuentemente nos concentramos en la parte que dice que "Dios dispone todas las cosas para el bien". Y después comienza la batalla. Mientras proclamamos que Dios está obrando todo para nuestro bien, nuestro corazón está luchando contra el temor, la duda y la incredulidad. Cuando oramos por más fe para creer realmente en Su bondad, puede ser que estemos tratando de hacer que funcione nuestro propio plan.

A veces la batalla se da entre nuestra inteligencia (lo que vemos y sabemos a partir de nuestra experiencia terrenal) y nuestra fe (lo que vemos y sabemos según nuestra relación dinámica con Dios). Es como si temernos que abrazar plenamente la fe de alguna manera reducirá nuestra inteligencia. Pero la fe no reduce nuestra inteligencia; la aumenta. ¿De qué manera? Pues la fe añade una dimensión espiritual o celestial a lo que ya sabemos en nuestra mente. La fe rompe los límites de nuestros pensamientos terrenales y nos da vistazos de los pensamientos y caminos de Dios.

Romanos 8:28 comienza con, "Ahora bien, sabemos..." ¿*Cómo* sabemos que todas las cosas obran para bien para nosotros? ¿Será porque nos hemos vuelto tan espirituales que ya no usamos nuestra inteligencia natural? No. No es por eso. Más bien, sabemos que todas las cosas obran para nuestro bien porque hemos accedido a una forma de pensar inteligente, llena de fe que está en una dimensión superior— una que dice que todo obra para bien para aquellos que aman a Dios y que son llamados de acuerdo con Su propósito.

Esto lo sabemos porque conocemos a Dios en la oración en el lugar secreto; en las tres maneras que acabamos de ver. Porque...

Conocemos al Padre

Primero, nuestra relación dinámica y la oración que da vida que tenemos con Dios nos permite conocer íntimamente al Padre. Sabemos, en particular, que Él es el campeón de la bondad para nosotros. Jeremías 29:11 nos dice que Dios solo quiere lo que es bueno para nosotros: darnos un "futuro y una esperanza". Si realmente conocemos al Padre, en lugar de saber acerca de Él, sabremos que Él solamente hará cosas buenas para nosotros. Y partir de esa única premisa podemos saber que todo obrará para nuestro bien porque nuestro Padre nunca hará nada en desmedro nuestro. Nuestro Padre es bueno y Él es bueno hacia nosotros.

Hemos escuchado a Jesús

También sabemos que todo obra para bien para nosotros porque hemos estado escuchando cómo ora Jesús. Jesús nos ama y Sus oraciones hacia nosotros son favorables. Sabemos que el Padre simplemente no puede negarle algo a Su Hijo. Cuando nos unimos en oración a Jesús, sabemos que todo obrará para nuestro bien.

Hemos estado viendo al Espíritu Santo

Y tercero, sabemos que todas las cosas obran para nuestro bien porque hemos estado viendo cómo se ha movido el Espíritu Santo a nuestro favor. En nuestra relación dinámica y vigorosa con Dios, vemos cómo obra el Espíritu. Dios nunca está inactivo. Aun si en la superficie, las cosas parecieran estar inertes, en el lugar secreto podemos ver que el Espíritu Santo está constantemente en movimiento respondiendo nuestra oración. Conocer a Dios en el lugar secreto y saber cómo obra el Espíritu Santo nos da confianza con poder. "El pueblo que conoce a su Dios se esforzará y actuará." (Dn. 11:32b)

¿Quiere usted hacer grandes cosas para Dios? ¡Yo sí!

4. Converse con Dios

La cuarta manera en la que podemos experimentar una vida de oración que da vida con Dios es al tener conversaciones con Él en el lugar secreto. Después del profundo descubrimiento en el que conocemos al Padre y de la tierna pero fuerte confianza que sentimos al escuchar a Jesús orar, luego del emocionante éxito de estar asociados con el Espíritu Santo, descubrimos que la oración es más que presentar nuestras necesidades y las de otros ante Dios. La oración es, en lugar de ello, un diálogo celestial maravilloso con cada uno de los integrantes de la Trinidad. Nuestras oraciones afirman la revelación y acción del Espíritu Santo. Nuestra conversación está de acuerdo con la intercesión que Jesús lleva a cabo con toda autoridad. Nuestras palabras reflejan el corazón, carácter, voluntad y deleite del Padre.

Esta es la conversación que Jesús describió en Juan 14:13-14:

> "Cualquier cosa que ustedes pidan en mi nombre, yo la haré; así será glorificado el Padre en el Hijo. Lo que pidan en mi nombre, yo lo haré."

Él nos dice, "Pidan poniéndose de acuerdo conmigo". Jesús hará lo que pidamos cuando estamos de acuerdo con Él. Por lo tanto, es fundamental que nos sintonicemos con la manera en que Dios está orando. Así, nuestras oraciones estarán de acuerdo con Sus oraciones y obtendremos lo que pedimos.

¿Cómo luce esto en nuestra vida diaria? Hay veces en las que no estamos seguros de cómo orar por ciertas situaciones. Es fácil ver la necesidad pero no estamos seguros de cuál sea la mejor solución. En esos momentos, podemos orar en acuerdo con Jesús.

Una vez, por ejemplo, mi esposo, Dave y yo sabíamos que Dios me estaba guiando a cambiar mi carrera para tener más tiempo para el ministerio. No obstante, necesitábamos el ingreso que mi empleo actual generaba. ¿Debíamos orar por una fuente milagrosa de ingresos para poder dejar de trabajar? ¿O debíamos orar por una oportunidad de trabajo diferente que permitiera un horario más flexible? Sabíamos que Dios podía proveernos de muchas maneras y sentíamos que el Señor tenía un plan que permitiría un horario de trabajo más flexible. Sabiéndolo, pudimos orar de forma eficiente en acuerdo con Jesús, "Señor, guíanos a una oportunidad creativa de trabajo que corresponda con los planes que Tú tienes para nuestra vida en este momento".

En cuestión de unas semanas, iniciamos un negocio flexible que proveyó para nuestras necesidades durante varios años.

Debo agregar que, aunque oramos de acuerdo con Jesús, adosarle la frase *En el nombre de Jesús* no es una especie de contraseña o código secreto que adjuntamos a nuestras oraciones para que tengamos acceso a los recursos ilimitados del cielo. (Sí tenemos acceso a esos recursos ilimitados; los exploraremos en el capítulo 8.) Tampoco estamos pidiendo que Jesús respalde nuestros propios deseos con Su sello celestial de aprobación. No, cuando oramos en el nombre de Jesús, lo que queremos decir es, "Estoy plenamente de acuerdo con lo que Jesús ya oró". Estamos haciendo una oración en acuerdo con Jesús.

Si Dios lo guía a declarar sobre alguien, "Sé sanado en el nombre de Jesús", usted no está recitando una fórmula mágica. Más bien, usted está diciendo, "Estoy de acuerdo con Jesús por tu sanidad. Sé sanado porque esa es la voluntad de Jesús para ti y porque Él ya hizo esa oración".

Jesús le enseñó a Sus discípulos,

> "Además les digo que si dos de ustedes en la tierra se ponen de acuerdo sobre cualquier cosa que pidan, les será concedida por mi Padre que está en el cielo. Porque donde dos o tres se reúnen en mi nombre, allí estoy yo en medio de ellos."
>
> Mt. 18:19–20

Jesús está presente con poder siempre que nos ponemos de acuerdo unos con otros en oración. Pero Él además estaba haciendo un punto más importante, el que cuando nos convenimos en oración con otros aseguramos que nuestras oraciones serán respondidas. No es el acuerdo con otro lo que garantiza la respuesta a nuestras oraciones; es nuestro acuerdo con Jesús lo que produce resultados. Él es el intercesor líder en nuestro grupo de oración.

5. Haga una proclamación

La quinta y última manera en la que experimentamos la relación de oración que da vida con Dios es al hacer proclamaciones. Una proclamación es una declaración o anuncio público, una declaración o decreto.

Hacer una proclamación es algo que sucede solo después de que hemos participado en una conversación con Dios al orar en un círculo pequeño. La relación que nos da vida, esa que resulta de conocer al Padre, el escuchar a Jesús y ver al Espíritu Santo podemos captar una buena idea de lo que Dios está haciendo en la tierra. Nuestra parte, entonces es avanzar con confianza y convenidos con Dios, en el nombre de Jesús, para hacer una proclamación osada: ésta es otra forma de oración que "se abre camino" en la atmósfera espiritual para que se manifiesten las intenciones de Dios en el cielo acá en la tierra.

La oración de proclamación es hablar confiadamente para anunciar las intenciones de Dios. Usted y yo podemos declarar lo que Él ya puso en movimiento. ¿No le parece eso sorprendente? Hebreos 4:16 dice, "Así que acerquémonos confiadamente al trono de la gracia para recibir misericordia y hallar la gracia que nos ayude en el momento que más la necesitemos". Una vez hemos obtenido la misericordia de Dios y nos hemos tomado de Su gracia que nos ayuda en nuestra necesidad, es hora de hacer una proclamación. A-unciamos en la tierra lo que Dios ya ha establecido en el cielo.

La historia bien conocida de David en el Antiguo Testamento ejemplifica el poder de la oración de proclamación. Cuando leo la historia de David en 1 Samuel 17, veo a un joven que sabía cómo hacer una proclamación.

Cuando el joven pastor se plantó para pelear contra Goliat con su honda y unas piedrecitas, pues había rechazado la armadura de Saúl, traía consigo la experiencia de victorias pasadas. El menor de ocho hermanos, David había pasado bastante tiempo cuidando del rebaño de su padre. Había matado a un león y a un oso para proteger el rebaño. ¡Muy impresionante! Pero David tenía una experiencia aún más valiosa: el tiempo que había pasado en el lugar secreto con el Padre. En esas horas a solas en los campos, él había alabado y adorado a su Dios, o sea que siendo un jovencito ya lo conocía muy de cerca.

Así pues, David tomaba su confianza para enfrentarse a Goliat no solo de su destreza física. Cobraba fuerza de Dios era . . . para él y para todo Israel. Él sabía que ésa era una batalla de Dios y que Dios siempre gana.

No dudo que David haya sido muy bueno usando la honda. Pero no fue su habilidad con la honda lo que mató a Goliat aquel día. Justo antes de que David soltara la piedra en el aire, él hizo una proclamación al aire que ganó la victoria:

> "David le contestó: Tú vienes contra mí con espada, lanza y jabalina, pero yo vengo a ti en el nombre del Señor Todopoderoso, el Dios de los ejércitos de Israel, a los que has desafiado. Hoy mismo el Señor te entregará en mis manos; . . . y todo el mundo sabrá que hay un Dios en Israel . . . La batalla *es* del Señor, y él los entregará a ustedes en nuestras manos."
>
> 1 S. 17:45–47

Cuando el futuro rey de Israel—siendo un jovencito que no podía manejar el peso de la armadura del rey Saúl—emitió esa proclamación poderosa, abrió camino en la atmósfera y llegó directamente a la cabeza de Goliat. La piedra de David no podía fallar el blanco. Iba volando con el empujón de la proclamación.

Hay un viejo dicho que dice, "No es lo que sabes sino a quién conoces" y ese es uno de los secretos para una oración de proclamación poderosa y efectiva. Las proclamaciones penetran la atmósfera de la tierra para manifestar el cielo en la tierra y nacen en el lugar secreto en donde conocemos a Dios muy de cerca. La oración de proclamación efectiva es el resultado, no de recitar palabras poderosas, sino de conocer al Dios poderoso.

Experimente la oración que da vida

Entonces, éstas son cinco maneras que le servirán para experimentar una relación vital y cada vez mayor con Dios:

1. Conozca a Dios
2. Escuche a Jesús orar
3. Observe al Espíritu Santo
4. Converse con Dios
5. Haga proclamaciones

Cada una de estas prácticas ayudarán a asegurar que sus oraciones en el lugar secreto sean tanto poderosas como dadoras de vida.

3

Qué encontramos en el lugar secreto

¿Alguna vez ha ocultado una llave en un lugar secreto? Tal vez haya ocultado una llave de su casa en el jardín o debajo de una roca o maceta para que un amigo pudiera entrar a la casa. Usted le da a quien quiera que sea que sabe cuál es el lugar secreto, el acceso total a todo lo que está en su casa. De cierta forma, la llave autoriza a ese amigo o pariente a acceder a todo lo que le pertenece.

De la misma manera, Dios ha apartado unas llaves para usted. A continuación solo dos:

> "Sobre sus hombros [los del Mesías] pondré la llave de la casa de David; lo que él abra, nadie podrá cerrarlo; lo que él cierre, nadie podrá abrirlo."
>
> Is. 22:22

Y Jesús dice,

> "Yo te digo que tú eres Pedro, y sobre esta piedra edificaré mi iglesia, y las puertas del reino de la muerte no prevalecerán contra ella. Te daré las llaves del reino de los cielos; todo lo que ates en

la tierra quedará atado en el cielo, y todo lo que desates en la tierra quedará desatado en el cielo."
Mt. 16:18–19

Dios nos da estas llaves, y muchas más, con liberalidad para permitir que obtengamos todo lo que Él tiene para nosotros. Estas llaves nos dan acceso a la autoridad y al poder que Él quiere que opere a través de nuestra vida. Las llaves quitan el cerrojo de los tesoros y recursos del cielo. Con ellas nos autoriza el acceso a todo.

Pero tenemos que saber en dónde están ocultas las llaves. ¡Buenas noticias! Jesús nos dice que las llaves están en el lugar secreto con el Padre. Ya hemos identificado el lugar en donde hay oración efectiva y dadora de vida:

> "Pero tú, cuando te pongas a orar, entra en tu cuarto, cierra la puerta y ora a tu Padre, que está en lo secreto. Así tu Padre, que ve lo que se hace en secreto, te recompensará."
> Mt. 6:6

Cuando Jesús dice, "Pero tú, cuando te pongas a orar . . ." está separando nuestro tiempo de oración de cualquier sentido de piedad auto-infligida. Estas simples palabras quieren decir, "Eres único. Para ti, la oración no se trata de religión. Para ti, la oración se trata de relación".

La enseñanza de Jesús acerca de la oración es profunda en su simpleza y absolutamente esencial para un estilo de oración que da vida. El lugar que Él describe como destino de nuestras oraciones es un lugar apartado, "un lugar secreto". Cuando vamos ahí, podemos esperar que haya abundancia de recursos. En este capítulo veremos algunos de ellos.

Vida del Padre

A veces la oración es una reacción a una situación urgente. El Señor nos invita a que hagamos esas oraciones. Sin embargo, Jesús le asignó prioridad especial a la oración intencional y de forma regular a solas con el Padre.

El lugar secreto está libre de distracciones y no se ve afectado por la guerra espiritual. Es un lugar escondido a solas con el Padre. No le afectan las cosas que nos drenan la vida. De hecho, la presencia del Padre nos permite encontrar vida ahí.

Suena refrescante, pacífico y lleno de gozo, ¿no le parece?

Jesús también dice que nuestro Padre ya está ahí esperándonos. No tenemos que evocar la atmósfera "correcta" ni invitarlo. Él nos ve desde que entramos y está esperando a bendecirnos, a prodigarnos con Su buen favor.

Hay otros tipos de oración y de estrategias de oración que son buenos y que tienen gran valor. Cuando es hora de ir a los lugares altos para hacer decretos y tomar territorio espiritual, vamos. Cuando necesitamos una palabra de sabiduría o una oración de fe en una emergencia, oramos con ilusión. Cuando es hora de reunir a una comunidad de creyentes como parte de una fuerza de oración para establecer algo en el Reino de Dios, corremos para unirnos al llamado.

Pero únicamente encontraremos poder en estos modos de oración si primero hemos orado como nos enseñó Jesús: "Pero tú, cuando te pongas a orar, entra en tu cuarto". Solo en ese cuarto, a solas con el Padre, recibiremos el poder para orar todas las demás oraciones eficazmente.

Los tesoros de Dios

Jesús dijo, "Pero tú, cuando te pongas a orar, entra en tu cuarto". En algunas traducciones, la frase *en tu cuarto* se presenta como "en tu cámara" o "en tu aposento". De ahí es de donde tomamos la idea de un cuarto de oración. Aunque la frase que usó Jesús puede traducirse también como el "salón del tesoro de Dios".

Las casas en el tiempo de Jesús no estaban equipadas con candados elaborados o sistemas de seguridad. No tenían cámaras de vigilancia ni alarmas que chillan para asustar a los ladrones. Así es que, para tener un lugar especial para los artículos valiosos, para que los ladrones no los robaran mientras los dueños no estaban, las casas a menudo tenían un cuarto oculto. Esta es la imagen que Jesús usó cuando le dijo a Sus discípulos que se reunieran con el Padre en oración.

Cuando vayas a ese cuarto, dijo Jesús, no estarás solo; tu Padre ya está ahí, esperándote. Es Su lugar secreto, como ve, Su salón del tesoro. Ahí es donde Él guarda sus posesiones valiosas—todos los recursos del cielo y el buen favor de su benignidad hacia usted. Él tiene la llave para su sanidad en ese cuarto, también la llave de la unción que usted ha anhelado. Él guarda la llave de los planes de negocios creativos que el mundo aún no ha visto, y la llave para curar un corazón quebrantado . . . y mucho más.

Él está esperando ahí en Su lugar secreto para entregárselo en abundancia—en Su salón del tesoro.

El lugar de recompensa abierta

Jesús prosigue diciendo, "Tu Padre, que ve lo que se hace en secreto, te recompensará".

El Padre le revela a usted la majestad de Su carácter, gloria, bondad y benignidad en la intimidad, en el lugar secreto con Él.

El Hijo de Dios lo ayuda a alinear sus oraciones con las de Él al dejar que usted oiga cómo ora Él en ese lugar secreto.

El Espíritu de Dios le enseña, forma los propósitos de Dios en usted y lo guía hacia pensamientos más altos para conocer los caminos de Dios en ese lugar. Él escucha los anhelos de su corazón, sus sueños y sus necesidades a medida que usted entra en una conversación celestial con Él.

Dios ve en secreto, pero recompensa en público. Abiertamente quiere decir visible y tangiblemente, de una manera que usted puede tocar y ver. *Abiertamente* implica una demostración de la bondad de Dios que todos a su alrededor también podrán ver. *Abiertamente* significa "sin reserva, francamente". Sugiere abundancia. Cuando llega la hora de que Dios responda sus oraciones, Él abre la puerta de un solo golpe, hace brillar la seguidora en Su bendición y afina a la orquesta para que suene la música de celebración. Él lo recompensa abiertamente.

Con frecuencia sabemos en el corazón que ha habido un rompimiento cuando oramos sinceramente acerca de una situación. Las cosas deben establecerse en el ámbito espiritual antes de que podamos verlas manifiestas en el ámbito físico. Pero, es difícil sentirse satisfecho con solo sentir el rompimiento cuando no hemos visto ni un poquito de cambio en nuestras circunstancias.

Cuando el Padre nos recompensa abiertamente, no

obstante, Él no retiene nada. Él no espera que estemos satisfechos simplemente sintiendo que hubo rompimiento. Él demuestra su bondad visiblemente. Él pone la respuestas a nuestras oraciones justo ahí en nuestras manos, donde podemos verlas. El coro de una adoración que escuché hace unos años en Suecia hablaba de ello. Una traducción libre diría algo como, "Jesús pone en nuestras manos lo que solo hemos visto con el corazón".

Juan 10:10 le añade importancia a esta buena ilustración del lugar secreto con Dios:

> "El ladrón no viene más que a robar, matar y destruir; yo he venido para que tengan vida, y la tengan en abundancia."

Jesús quiere que usted vaya al lugar secreto con Él, porque el malvado no puede tocarlo ahí con sus estrategias que nos drenan la vida. El ladrón no puede estorbarlo en ese lugar secreto. El ladrón no puede robar la bondad de Dios ni Su favor hacia usted. Tampoco puede sacarlo de ese lugar de amoroso cuidado de parte de Dios. No puede sacarlo de su posición en Cristo. De hecho, ni siquiera puede encontrarlo cuando usted está ahí. ¿Por qué? Pues porque es el lugar *secreto* en donde su "vida está escondida con Cristo en Dios". (Col. 3:3).

¿Y cuál es la recompensa? El tesoro de Dios, Su abundancia que está disponible para usted de forma completa y gratuita. *Abundancia* significa "excesivo, rebosante, excedente, más que suficiente, más de lo ordinario". ¡Eso sí que es rompimiento! Es la recompensa de la oración que da vida.

La abundancia del tesoro de Dios es más que suficiente para suplir cada necesidad que usted tenga y para llenarlo de poder para cualquier situación a la que se enfrente. Su tesoro es provisión para que avance hacia su vida plena y fructífera en el Reino. Pablo escribe,

> "Por esta razón me arrodillo delante del Padre, de quien recibe nombre toda familia en el cielo y en la tierra. Le pido que, por medio del Espíritu y con el poder que procede de sus gloriosas riquezas, los fortalezca a ustedes en lo íntimo de su ser, para que por fe Cristo habite en sus corazones. Y pido que, arraigados y cimentados en amor, puedan comprender, junto con todos los santos, cuán ancho y largo, alto y profundo es el amor de Cristo; en fin, que conozcan ese amor que sobrepasa nuestro conocimiento, para que sean llenos de la plenitud de Dios.
>
> Al que puede hacer muchísimo más que todo lo que podamos imaginarnos o pedir, por el poder que obra eficazmente en nosotros, ¡a él sea la gloria en la iglesia y en Cristo Jesús por todas las generaciones, por los siglos de los siglos! Amén."
>
> Ef. 3:14–21

Dios quiere prodigarlo con Sus tesoros. Su bondad lo insta a darle más de lo que usted pueda imaginar necesario para suplir sus necesidades. Él le da de Sí mismo.

Una reserva de beneficios

Invertimos en el tesoro de Dios en el lugar secreto con nuestra adoración y oración. La Biblia dice que el cielo almacena nuestras oraciones en "copas de oro llenas de incienso, que son las oraciones del pueblo de Dios" (Ap. 5:8) y que Dios recoge las lágrimas que derramamos en secreto en "[Su] redoma" (Sal. 56:8, RVR1995). La Biblia también compara nuestras oraciones y adoración con la lluvia y la nieve:

> "Así como la lluvia y la nieve descienden del cielo, y no vuelven allá sin regar antes la tierra y hacerla fecundar y germinar para que dé semilla al que siembra y pan al que come, así es también la palabra que sale de mi boca: No volverá a mí vacía, sino que hará lo que yo deseo y cumplirá con mis propósitos."
>
> Is. 55:10–11

> "¿Has penetrado tú hasta los depósitos de la nieve? ¿Has visto los depósitos del granizo, que tengo reservados para el tiempo de angustia, para el día de la guerra y de la batalla?"
>
> Job 38:22–23 (RVR1995)

Las formas en que la lluvia y la nieve se almacenan nos indican, de estas dos citas, cómo invertimos las oraciones y adoración en los tesoros del cielo.

La lluvia y la nieve se acumulan en la atmósfera superior de la tierra, en la región de las nubes, antes de caer a la tierra. El agua se condensa en capas alrededor de material minúsculo y particulado en el aire, como el polvo o la sal. Al condensarse el agua alrededor de esas partículas, la lluvia o nieve o granizo se forman, capa tras capa. Finalmente esas capas se hacen tan pesadas que ya no pueden ser retenidas y caen a la tierra.

Cuando las capas caen al suelo como nieve se acumulan en las áreas montañosas. Esa nieve por lo general se derrite durante los meses más cálidos. Esas acumulaciones de nieve son importantes, porque son una fuente de agua para el caudal de los ríos y arroyos en los meses más calurosos. Una acumulación así en invierno en las montañas abastecerá con agua al valle en su ladera durante el verano.

Yo vivo en un valle agrícola muy grande en California, en el valle de San Joaquín. Este valle cultiva mucho de los productos frescos para los Estados Unidos, incluso lo consideran como uno de los graneros del mundo. La parte del valle en donde yo vivo también es muy árido, justo al pie de las colinas al oeste de las sequoias.

Siendo la agricultura la principal industria, el agua para la irrigación es una preocupación constante. Observamos las montañas al este durante los meses de invierno para ver cuánta nieve se acumula. Mientras más nieve se acumula durante el invierno, mayor será el abastecimiento de agua durante el verano. Si tenemos una provisión de agua abundante en el verano, tendremos una cosecha abundante en el otoño.

¿Qué tiene que ver el ciclo de lluvia y nieve en las montañas con la oración y la adoración? Ilustra la forma en la que invertimos en el tesoro del lugar secreto usando la oración y la adoración. El tesoro de Dios nos da para retiros y para depósitos. Hasta ahora hemos visto solo la manera en la que Dios nos prodiga Sus tesoros, recompensándonos abiertamente. Pero en la Escritura vemos que el tiempo que invertimos en adoración y oración en el lugar secreto es un lugar secreto que, como esos depósitos, producirá beneficios cuando más se necesitan.

¿Cómo funciona?

Piense otra vez en cómo se forma la lluvia en las nubes y compárelo con la manera en la que nos ofrecemos en adoración y oración en el lugar secreto. En 2 Corintios 4:7 (RVR1995) Pablo nos llama "vasos de barro". Damos lo que tenemos para ofrecer—adoración y oración—a esa conversación celestial en el lugar secreto. Dios sopla Su aliento sobre nuestra ofrenda. La humedad de Su aliento se acumula, por decirlo de alguna manera, hasta que la lluvia comienza a formarse en los lugares celestiales. Esa lluvia hace más pesado el cielo a medida que nosotros seguimos adorando a Dios. Entonces llega el tiempo en el que Dios suena como un trueno en el cielo y dice, "¡Es hora del aguacero!" Y nuestra respuesta viene con una proclamación: "¡Haz llover!" Su lluvia nos refresca y nos revive. Nos da vida y produce la cosecha.

O considere la nieve en las montañas. La nieve acumulada es la adoración y oración que ofrecemos en el monte del Señor, el silo de oración y adoración cuando celebramos en los momentos de bendición y lloramos en los momentos difíciles. Job hace referencia a la nieve y granizo guardados como reservas para "el tiempo de angustia". (Job 38:23 RVR1995). Cuando el calor de la presencia de Dios entra en contacto con la nieve acumulada, lo que había sido reservado para el tiempo de angustia se derrite para convertirse en aguas de salvación, liberación y ríos de gozo. Esta nieve acumulada también produce la cosecha espiritual.

Así es que cuando nos sintamos secos e improductivos no es el momento de trabajar más duro ni de orar más fuerte. Es el momento de calentarnos con la presencia de Dios en el lugar secreto. El agua viva inundará nuestros campos para producir una cosecha abundante.

Los secretos de la sabiduría de Dios

¿Sabía usted que Dios tiene secretos? Moisés dijo:

> "Lo secreto le pertenece al Señor nuestro Dios, pero lo revelado nos pertenece a nosotros y a nuestros hijos para siempre, para que obedezcamos todas las palabras de esta ley."
>
> Dt. 29:29

¿En dónde están Sus secretos? Sí, en el lugar secreto.

Los secretos de Dios traen revelación para situaciones puntuales. Podemos hablar con otros y buscar consejo sabio de personas piadosas. Pero, si lo que queremos es la sabiduría de Dios, debemos ir al lugar secreto y buscar sabiduría directamente de Él.

Las personas me piden frecuentemente que ore por ellas porque necesitan sabiduría de parte de Dios. Por lo general comienzo preguntándoles si ya se la pidieron a Dios. Gustosamente puedo orar con ellos, pero me intrigan esas personas que aún no le han pedido sabiduría a Dios. Entiendo que todos necesitamos ayuda en algún momento para oír y entender al Señor. Y Dios es fiel en revelar Su sabiduría y en dar su dirección cuando se lo pedimos. La mayor y más precisa revelación de Su sabiduría viene en ese lugar secreto estando con Él.

Algunos secretos le pertenecen a Él

El pasaje de Deuteronomio dice que "lo secreto le pertenece al Señor nuestro Dios". Algunas cosas sencillamente no nos son dadas para entenderlas. Son los secretos del Señor y nunca tendremos las respuestas o el conocimiento interno para resolverlos.

Puede ser que a veces tengamos dudas que parecieran no tener respuesta. Dios no nos retiene información o respuestas para excluirnos, aislarnos o rechazarnos. Él se deleita en respondernos y en ayudarnos a entender Sus caminos. Le gustan las preguntas buenas. A pesar de ello, Él tiene secretos que son Suyos y solo Suyos.

En la relación de oración que da vida ahí en el lugar secreto, llegamos a conocer a nuestro Padre tan bien que podemos confiar en Él y en Sus secretos. Conocemos su benignidad y su bondad a tal punto que no nos sentimos temerosos ni rechazados cuando no responde todas nuestras preguntas. Encontramos fuerza y valor para continuar con gozo aun sin saber todas las respuestas. Tenemos el consuelo que necesitamos para confiar en Él apasionadamente con los temas que tal vez nunca entendamos.

Algunos secretos nos pertenecen

Deuteronomio 29:29 continúa diciendo que las cosas reveladas "nos pertenecen...". Entre todo lo que le pertenece exclusivamente a Dios, hay mucho más en el lugar secreto que Él quiere abrir para revelárnoslo.

Moisés dijo que lo revelado *nos* pertenece. Cuando algo nos pertenece, es nuestro. Lo poseemos y nos aferramos a él. Lo atesoramos, valoramos y honramos. Lo buscamos y lo protegemos. Hay significado en la revelación del Señor a la que podemos aferrarnos y la cual debemos atesorar. Cristo es nuestra Roca y el entendimiento que obtenemos en el lugar secreto es el ancla que nos mantiene en la Roca.

Algunos secretos les pertenecen a nuestros hijos

Moisés dijo que las cosas reveladas "nos pertenecen a nosotros y a nuestros hijos para siempre". Esto significa que algo de lo que obtenemos en el lugar secreto es parte de nuestra herencia. Dios nos revelará verdades en el lugar secreto que Él desea que les impartamos a nuestros hijos—tanto a nuestros hijos naturales como a los espirituales. Incluye a personas dentro de nuestro ámbito de influencia.

La frase *y a nuestros hijos* también nos dice algo más. Con frecuencia, cuando la Biblia utiliza lenguaje que incluye a las generaciones, Dios está haciendo referencia a nuestra herencia espiritual. El lugar secreto es en donde capturamos la revelación para nuestra herencia. Es en donde sujetamos los sueños que Dios tiene para nosotros y la manera en que esos sueños darán luz a nuestros ministerios o planes de negocios o expresiones creativas del favor de Dios hacia nosotros.

Usted tiene una herencia en el Señor y el lugar secreto es a donde debe ir a averiguar cuál es. Hay verdades que dan vida en la Palabra de Dios y Él desea mostrárselos. Él quiere decirle, "Ésta es tu herencia; te la entrego".

Cuando usted se acerca a Dios se da cuenta de quién es Él en usted y quién es usted en Él. Saber que usted está en Cristo, que—"su vida está escondida con Cristo en Dios" (Col. 3:3), como vimos antes—se convierte en una realidad vibrante y una que da vida. Su presencia lo rodea permanentemente y usted encuentra que la profundidad de Su vida fluye en usted.

Un día sentí que el Señor me hablaba gentilmente. Dijo que era un día en el que yo debía pedirle algo especial. Que había una sorpresa para mí. Yo supe que era un parte aguas y quería estar segura de pedir lo correcto. Mi primera pregunta fue,

¿Qué pediré? Al comenzar a anotar en mi diario Su respuesta, sentí que me decía que debía pedir la plenitud de mi herencia, para poder pasársela a mis hijos y prosiguió ampliando el significado tan profundo de ello.

Yo sabía que Él no hablaba de mis hijos naturales porque no tengo ninguno. (¡Hay ciertas cosas para las que no se necesita una palabra especial del Señor!) Me di cuenta de lo importante que es que yo reciba sabiduría en el lugar secreto. Él tiene planes para mí que incluyen darme sabiduría y revelación que afectarán a otros. La revelación y las estrategias en Su Reino, que Él dispuso que yo compartiera con otros, eran la herencia que Él me mostraría en el lugar secreto.

Para que obedezcamos a Dios

Para terminar, Moisés dijo que las cosas reveladas nos pertenecen a nosotros y a nuestros hijos "para que obedezcamos todas las palabras de esta ley". La revelación es más que solamente conocimiento, como ve. Es más que algo para contemplar o que pensamientos que desafían nuestra forma de pensar. La revelación es el poder para obedecer lo que Dios ha dicho en Su Palabra.

Deuteronomio 28, el capítulo anterior al versículo que hemos estado analizando, es uno de bendición y maldición. Dice, en resumen, que si uno obedece a Dios, será bendecido con la gracia y favor de Dios en toda área de la vida y, que si desobedece a Dios, será maldito al vivir fuera del favor de Dios.

El poder de la revelación, como vemos, es de suma importancia. Puede hacer la diferencia entre una vida de incontenibles bendiciones y una vida de destrucción.

La revelación que recibimos en el lugar secreto nos da el poder para romper la maldición de la desobediencia en nuestra vía. ¿Cómo? Al conocer al Señor y ver cómo obra en nuestra vida, con ilusión salimos de los patrones de desobediencia. Conocerlo de esta forma que nos da vida, hace que huyamos de las obras irredentas de la carne y acojamos el abrazo de la vida que Cristo tiene para nosotros y el fruto del Espíritu Santo que fluye a través nuestro. La revelación es el poder de obedecer y recibir Su bendición.

Vida que surge de la plenitud de Dios

La vida en el lugar secreto es plena. Dios no nos retiene nada de lo Suyo. Podemos tener acceso al salón del tesoro de Dios y vivir la plenitud de lo que Dios es.

Uno de los principios que Jesús enseñó en la parábola de las vírgenes prudentes y las insensatas (Mateo 25) es el principio de vivir la plenitud o la abundancia del Espíritu. Las vírgenes sensatas tenían abundante reserva de aceite. No esperaron a que sucediera la emergencia para correr a comprarlo. Tenían una reserva generosa en sus propias lámparas. Las insensatas, por otro lado, dejaron que se vaciaran sus lámparas. Esperaron hasta el último minuto y esperaban que las otras les dieran de su aceite. Trataron de salirse con la suya con el tanque vacío.

Es una ilustración de la relación que da vida en el lugar secreto. Podemos elegir, como las vírgenes prudentes, vivir en un estado de plenitud, listos para cualquier cosa en cualquier momento. O podemos ser como las insensatas que, cuando hay crisis, buscan frenéticamente que alguien más ore porque ellos simplemente están demasiado vacíos para hacerlo.

En términos de computación, la frase configuración por defecto (*default setting*) define esas preferencias que han sido asignadas automáticamente. Las configuraciones por defecto permanecen vigentes hasta que el operador las cancela, cambia o invalida. De la misma manera, si no tenemos una relación de oración que da vida en el lugar secreto, nuestras configuraciones por defecto estarán como las de las vírgenes insensatas: *vacías*. Quizás vayamos a la iglesia o al estudio bíblico para ser llenos un poquito y podamos subsistir un par de días. Pero no permaneceremos llenos por mucho tiempo. Pronto, la vida nos volverá a desafiar y nuestro aceite se consumirá.

Una relación que da vida en el lugar secreto cambia nuestras configuraciones por defecto a *lleno*. Cuando venga la crisis, estaremos llenos de la unción y presencia de Dios, listos con oración poderosa y adoración que da vida. Y cuando hayamos tenido un mal día o cuando la vida se torna dura y nos drena, podremos recurrir a la configuración por defecto para ser llenos otra vez.

Recibirá gozo y vida con Dios cuando está en el lugar secreto. Encontrará una recompensa y tesoro en Él. Él lo está esperando ahí.

4

El dilema de la oración sin respuesta

Dios oye y responde nuestras oraciones. ¿Cómo lo sabemos? Porque la Palabra de Dios así lo dice:

> "Así que yo les digo: Pidan, y se les dará; busquen, y encontrarán; llamen, y se les abrirá la puerta. Porque todo el que pide, recibe; el que busca, encuentra; y al que llama, se le abre."
>
> Lc. 11:9–10

> "Ciertamente les aseguro que el que cree en mí las obras que yo hago también él las hará, y aun las hará mayores, porque yo vuelvo al Padre. Cualquier cosa que ustedes pidan en mi nombre, yo la haré; así será glorificado el Padre en el Hijo. Lo que pidan en mi nombre, yo lo haré."
>
> Jn. 14:12–14

> "Ésta es la confianza que tenemos al acercarnos a Dios: que si pedimos conforme a su voluntad, él nos oye. Y si sabemos que Dios oye todas nuestras

oraciones, podemos estar seguros de que ya tenemos lo que le hemos pedido."
1 Jn. 5:14-15

Queda resuelto, entonces: Dios oye y responde las oraciones.

Pero ¿y qué con *sus* oraciones? ¿Siente usted que son efectivas o que es aleatorio? ¿Será que la mayoría de sus oraciones reciben respuesta o será que usted se está conformando con ganar con el mínimo? ¿Sigue usted orando y creyendo porque sabe que Dios es fiel a Su Palabra o está usted simplemente esperando a que Él en algún momento le dé lo que está pidiendo?

Si parece que sus oraciones obtienen resultados mediocres, usted está viviendo por debajo de la vida abundante que Dios tiene para usted. Él quiere que usted viva con gozo, paz y confianza, sabiendo que Él está respondiendo Sus oraciones plenamente y según Su Palabra. Él quiere mostrarle Su bondad y atraerlo a una relación profunda con Él con sus oraciones.

Un cambio sencillo de ubicación mejorará la respuesta de sus oraciones.

¿Desde dónde está usted orando?

Hemos oído muchas veces que el secreto del éxito en el valor de los bienes raíces y del negocio como tal es: "Ubicación, ubicación, ubicación". Significa que dos casas idénticas pueden tener un valor similar (o que negocios idénticos pueden florecer o fracasar) dependiendo del lugar en donde estén ubicados.

La ubicación importa en la oración, también.

El dilema de la oración sin respuesta no tiene nada que ver con la habilidad de Dios de escuchar o con Su deseo de responder. Tampoco es que tengamos una fe deficiente. El Señor se deleita en hacer buenas cosas y en mostrar Su bondad hacia nosotros. Él quiere responder nuestras oraciones—no por nuestra enorme fe, sino por la grandeza de Dios mismo. No se requiere de gran fe para obtener buenos resultados. Apenas una porción del tamaño de una semilla de mostaza, dijo Jesús, es lo que se necesita para mover una montaña (vea Mt. 17:20). Así pues, la pregunta es ¿desde dónde está usted orando?

En realidad, hay dos ubicaciones desde donde orar. No me refiero a una ubicación física, sino a la postura del corazón. Una de estas ubicaciones es el "*triage* en la sala de urgencias" y el otro es el lugar secreto.

Oración en el triage

En términos de respuesta médicas, *triage* es el cuidado de emergencia inicial brindado en el campo de batalla o en un desastre cuando hay muchas víctimas. Las personas son clasificadas rápidamente según sus necesidades y probabilidades de sobrevivir. Se han salvado muchas vidas al utilizar métodos rápidos y eficientes de *triage*.

Desafortunadamente, nos hemos acostumbrado a orar con ese método. Se nos presenta una necesidad y rápidamente oramos con las súplicas y promesas que más tenemos a mano y en mente. La oración se convierte en una carrera de una crisis a la otra. Nos deja en gran revuelo y ansiosos en lugar de calmados y gozosos.

Aunque, la oración *triage* sí tiene valor. Tal como con su equivalente médico, puede salvar vidas. Pero también nos la puede drenar.

Como líder de oración recibo muchas peticiones de oración. Muchas son por situaciones de crisis. Solía pensar que debía llevar la carga de oración por todas esas emergencias. Pero pronto aprendí que nadie puede soportar ese peso ni sobrevivir el frenesí de tantas crisis. Lo que es más, no encuentro nada en las Escrituras que me diga que debemos llevar las necesidades de oración de esa manera. En 1 Tesalonicenses 5:17 dice, "Oren sin cesar"; no dice que corramos de una crisis a otra frenéticos, clamando a Dios.

El Espíritu Santo comenzó a enseñarme que no necesito involucrarme en el pánico de la crisis. Hay una mejor manera de hacerlo.

Oración en el lugar secreto

Vimos en el capítulo 1 que somos templo del Espíritu Santo y la casa de oración de Cristo. Nuestras oraciones deben formarse en la habitación de la presencia del Señor al construir Su casa de oración en nuestro corazón.

Esto es, entonces, el otro lugar desde donde podemos orar—cuando salimos de la atmósfera de la crisis terrenal y entramos a la atmósfera de la provisión celestial. La oración es más efectiva cuando hemos construido nuestra vida de oración en el lugar secreto.

Ahí no nos mueve la presión de la necesidad, sino que somos invitados a la paz de la bondad de Dios y al gozo de la relación con Él. Salimos de la atadura terrenal y entramos a la libertad del cielo; salimos de la enfermedad en la tierra y entramos a la sanidad del cielo; salimos de la atmósfera de preocupación y ansiedad para pasar a la atmósfera de paz.

En el lugar secreto nutrimos una relación que da vida y

que ve desde la perspectiva celestial. Conocemos el carácter de nuestro Padre en cada situación que se presenta. Estamos confiados en que nuestras oraciones se alinean a las oraciones de Jesús, garantizándonos que estamos orando en Su nombre y de acuerdo con Él. Conocemos la comodidad de ver al Espíritu Santo obrar a nuestro favor en cualquier crisis. A partir de nuestra conversación significativa, constante y celestial con Dios es que podemos hacer proclamaciones poderosas y ungidas que están alineadas a la voluntad de Dios (como vimos en el capítulo 2) y se nos garantiza la respuesta.

Hace algunos años, mi esposo Dave daba clases en una escuela en donde parecía haber tinieblas espirituales abrumadoras. En ese momento él era el único cristiano que trabajaba en la escuela y había pocos cristianos entre los alumnos. Muchos adultos en la institución, que debían haber sido modelos a imitar por los estudiantes, vivían en abierta manifestación de pecado y maldad. Muchos estudiantes fueron influenciados por esas tinieblas.

Dave y yo pronunciamos cada Escritura que nos vino a la mente y oramos de todas las formas que conocíamos para poder ver la gracia de Dios penetrar las tinieblas en la escuela. Hicimos caminatas de oración en sus instalaciones. Proclamamos la justicia y adoramos la majestad de Dios. Ungimos las entradas de la escuela con aceite. Sembramos pedazos de papel con citas bíblicas en todo el campus. Pero, a pesar de nuestras oraciones sinceras, vimos poco cambio. De hecho, la situación pareció empeorar.

Así es que decidimos reunir a unos estudiantes cristianos que conocíamos para que oraran con nosotros por la escuela. Los invitamos a reunirse alrededor del asta de la bandera para orar, como lo harían muchos otros estudiantes en todo el país en ese día en particular.

Esta reunión de oración no lucía como el inicio de una transformación espiritual. Además de Dave y yo, solo llegaron cuatro o cinco chicas para orar y lucían un poco asustadas. Aunque para mí fue el inicio de un viaje hacia una oración más eficaz.

Verá, antes de ir a orar alrededor del asta, yo había conversado con Dios y le dije, "Señor, hemos orado todo lo que sabemos a favor de esta escuela y no ha sucedido nada. Esto es lo último que sabemos hacer. Después de esto tendrás que mostrarnos cómo orar". Eso es lo que debí haber dicho desde el principio.

Pero, aunque por fin había hecho la pregunta correcta, yo todavía no estaba escuchando totalmente cuál era la estrategia de oración de Jesús para la escuela. Se necesitó de una pregunta de una de las chicas que llegaron para orar ese día para captar mi atención. Ella preguntó, "Si la oración por nuestra escuela es tan importante, ¿por qué solo nos invitaron a orar en esta oportunidad? ¿No deberíamos reunirnos a orar todos los días o al menos cada semana?"

Su pregunta me hizo comenzar a escuchar cuál era la estrategia de oración de Jesús. Al escuchar, pensé en esta Escritura:

> "Si se humilla mi pueblo, sobre el cual mi nombre es invocado, y oran, y buscan mi rostro, y se convierten de sus malos caminos; entonces yo oiré desde los cielos, perdonaré sus pecados y sanaré su tierra."
>
> 2 Cr. 7:14 (RVR1995)

Las últimas dos palabras *su tierra* captaron mi atención. De repente me di cuenta de que Dios da esta promesa especial a quienes oran por *su tierra*. Hasta ese momento, yo había estado orando contra las tinieblas en la escuela. Ahora, Jesús me mostraba cuál era *Su* oración por la escuela—que las personas se volvieran a Él para que Él pudiera perdonarlos y sanar las profundas heridas del pecado.

Es más, Él me mostró que estos pocos estudiantes que se unieron a Dave y a mí alrededor de la bandera tenían Su corazón por la escuela de una forma que no lo tenía yo. Amaban su escuela y la escuela era el centro de gran parte de su atención. De cierta forma, la escuela era *su tierra*. Yo entendí que la estrategia de oración de Jesús incluía a estos estudiantes que oraban con regularidad por su escuela — su tierra.

Después de ese primer día alrededor de la bandera comenzamos a reunirnos una vez a la semana para orar. La "ubicación" espiritual de nuestra oración cambió. Ya no oramos las oraciones *triage* frenéticamente para cubrir una acción oscura tras otra. Salimos de la atmósfera de crisis y entramos a la atmósfera de la provisión de Dios. Comenzamos a orar como oraba Jesús, con gran esperanza y paz, pues sabíamos que a Él le interesaba profundamente cada estudiante y empleado.

Cuando terminó ese ciclo escolar, casi ochenta por ciento de los estudiantes se habían unido a *Warriors* (Guerreros), un club cristiano en el campus. Los estudiantes acudían a Jesús cada semana. Las vidas de muchos empleados cambiaron y los que no cambiaron se fueron a otros empleos y maestros nuevos cristianos ocuparon su lugar. La atmósfera espiritual de la escuela fue transformada completamente. La luz de la majestad de Dios reemplazó las tinieblas que había habido antes. Hasta este día, la escuela es conocida por su atmósfera buena y pacífica.

¿Qué tipos de oración ora usted?

Cuando se enfrenta a problemas que no sabe cómo manejar, en lugar de una oración apresurada que lo sostenga mientras llega la siguiente crisis, quédese en el lugar secreto, acepte la calma y presencia de la presencia de Dios. Dios transforma cualquier crisis por Su presencia mientras usted reposa en Él. ¡Encontramos gran fortaleza y descanso cuando edificamos la casa de oración en el lugar secreto! Sus oraciones son mucho más efectivas, también.

Más respuestas y menos estrés—ésa es la oración que da vida.

Las crisis se dan repentinamente: un accidente de automóvil o un ataque al corazón o un terremoto. En una emergencia no tenemos tiempo de meditar en la majestad de Dios, de escuchar cómo ora Jesús, de ver cómo se mueve el Espíritu Santo y de tener largas conversaciones con la Trinidad acerca de cómo proceder en oración ante la situación.

Aunque aun cuando hay poco tiempo, ¿qué tipos de oraciones está orando usted?

Oración reaccionaria

La *oración reaccionaria* se forma en el salón de oración *triage* de nuestras reacciones a las crisis, tradiciones y emociones. Desafortunadamente, tal vez no esté alineada a la buena voluntad del Padre o en sintonía con la forma en que ya está obrando el Espíritu Santo. Si ese es el caso, la oración reaccionaria tal vez no sea muy eficaz.

Oraciones intencionales

Una crisis es la oportunidad perfecta para un arma poderosa: una proclama inmediata que trae la atmósfera del cielo a la tierra.

La oración formada en el lugar secreto, a diferencia de la oración reaccionara es una *oración intencional*, plenamente alineada con el cielo. Ésta no es una súplica emitida aleatoriamente al cielo con la esperanza de dar en el blanco. La oración formada a partir de nuestra conversación celestial en el lugar secreto da justo en el blanco en el cielo; se garantiza que dará en el blanco.

Si usted habita "en el lugar secreto del Altísimo" y "bajo la sombra del Omnipotente" (Sal. 91:1), usted estará lleno con todo lo que necesita en una emergencia para hacer una proclamación poderosa que libere la voluntad y favor de Dios en la tierra.

Yo recibí una llamada telefónica pidiendo oración de una madre muy acongojada. Su hijo había sido arrestado y parecía que se tendría que pasar un tiempo en prisión. Ella pensó que los cargos para su aprehensión eran falsos y quería oración para que él fuera liberado inmediatamente de su arresto. Él era joven y estaba muy atemorizado.

Mi corazón se unió al de ella y hubiera sido mi reacción, en la emoción del momento, proclamar libertad para él. En vez de ello, el Señor habló inmediatamente a mi corazón diciendo que este joven estaba exactamente donde necesitaba estar para encontrarse con el Señor de una forma que cambiaría su vida. Yo no sabía si él era inocente o culpable; solo sabía que el Espíritu Santo había estado obrando en su vida. Así es que oré que el Espíritu Santo lo capturara con la presencia de Dios y que fuera transformado para entrar a su plena herencia espiritual.

Eso fue exactamente lo que sucedió. El joven pasó poco tiempo en prisión. Mientras estuvo ahí, se encontró con el Señor y fue transformado para ser el hombre valiente de Dios que hoy es, un valiente para Jesús.

Estoy agradecida porque, como Cristo está en mí, yo tengo la oración correcta para orar en el momento correcto.

Mantenerse lleno

Veamos nuevamente la parábola de las vírgenes prudentes e insensatas de Mateo 25 para ver una imagen vívida de lo que es vivir en la plenitud de Cristo.

Las vírgenes prudentes mantenían existencias de aceite—símbolo del Espíritu Santo—así como lo hacemos nosotros cuando queremos preservar una relación dadora de vida con el Señor. A la media noche, cuando apareció el novio, todas tenían lo que necesitaban. Lo único que necesitaban era tomar de la reserva de aceite que tenían a mano y las tinieblas de la hora se disiparon con la luz de sus lámparas.

De igual modo, en nuestra propia crisis de media noche podemos disfrutar del resplandor de la presencia de Dios adentro—Su vida, sabiduría, paz y poder—y que resulta de habitar en el lugar secreto. En esa luz viene el poder para orar en acuerdo con Jesús y alineados con el corazón del Padre, según todo lo que el Espíritu Santo ya está obrando a nuestro favor. A la luz de la presencia de Dios encontramos respuestas del cielo.

Las vírgenes imprudentes de Mateo 25, en contraste, solo tenían aceite para un momento. La hora de la media noche las encontró agotadas y en pánico. De la misma manera, si oramos solo de crisis en crisis, hallaremos que se nos acaba el aceite y a tientas buscaremos la paz de Dios. Nos sentiremos vacíos y ansiosos, buscando una respuesta o a alguien que ore por nosotros y rellene nuestra necesidad de aceite.

Pero Cristo ya está en nosotros como habitación del Espíritu Santo. Al habitar en Su presencia constante y vivir en la plenitud y resplandor internos de quién Él es encontraremos gozo y paz y reposo, aun en una crisis. ¿Cómo puede ser? Porque aunque haya confusión y las situaciones a nuestro alrededor cambien, la atmósfera de la presencia de Dios nunca cambia y en Su presencia estamos seguros, inconmovibles y en reposo.

NANCY McDANIEL

5

Oremos como Jesús oró

En años recientes he encontrado nuevo gozo en la experiencia de adoración de repetir el Padre Nuestro como parte de una oración colectiva. Desde que entendí que este es el modelo de Jesús para la oración por el lugar secreto, he descubierto que me encierro con el Señor cuando comienzo a citar esta oración, aun cuando estoy rodeada por una comunidad de creyentes. De alguna manera, la intención de lo que Jesús enseñaba me atrae a ese lugar secreto con el Padre, sin importar en dónde me encuentre. Luego, en lugar de que mi corazón solo se conmueva por la tradición humana de la adoración junto con una comunidad de creyentes, puedo percibir el innegable poder de la presencia del Padre que fluye de esa relación de oración que da vida.

Este modelo de oración es la oración más citada en la fe cristiana y con frecuencia la citan en la oración colectiva. En muchas tradiciones cristianas se incluye como parte de la liturgia de adoración. Aunque esta hermosa oración se ha convertido en una amada tradición para la adoración pública y colectiva, Jesús se la enseñó a Sus discípulos como modelo para la oración privada en el lugar secreto.

Comenzó con una pregunta de parte de uno de los discípulos de Jesús:

> "Un día estaba Jesús orando en cierto lugar. Cuando terminó, le dijo uno de sus discípulos: 'Señor, enséñanos a orar, así como Juan enseñó a sus discípulos.'"
>
> Lc. 11:1

A veces me he sentido confundida por la solicitud de este discípulo. Los seguidores de Jesús tenían un trasfondo promedio, al menos, en la oración. La oración no era un concepto nuevo para ellos. Aunque no eran estudiosos ni religiosos por vocación, eran parte de la comunidad judía y ya tenían modelos de oración que les habían sido enseñados en su infancia. La oración era parte de su vida comunitaria y cultural. Es muy probable que hayan participado en oración en la sinagoga local y en las tradiciones de adoración en sus hogares. Podían citar las oraciones que habían sido de esperanza y victoria a sus antepasados. Estas tradiciones les habían dado fortaleza y consuelo.

Así es que los discípulos ya conocían la oración y ya sabían cómo orar. Entonces, ¿por qué pidieron, "Señor, enséñanos a orar"?

Algo diferente en las oraciones de Jesús

La clave en Lucas 11:1 (arriba) no fue la pregunta del discípulo. No fueron las palabras que Jesús usó en Sus oraciones, ni Su discurso elocuente. Los discípulos habían percibido que había algo diferente en Él después de que oraron "en cierto lugar". ¿Cuál era ese lugar? No era una ubicación física. Más bien, Jesús había estado en el lugar secreto orando. Él oró como si conociera al Padre. Estaba lleno de la vida, poder y autoridad. Y Sus oraciones siempre obtenían resultados.

Los discípulos habían caminado con Jesús y observaron Su increíble capacidad de ministerio: Su virtud espiritual, Su vigor físico, Su calma interna. Ellos vieron que Jesús obtuvo una fortaleza interna y paz más profunda cuando iba a cierto lugar a orar con Su Padre. Cuando las multitudes los presionaban, Jesús se mantenía calmado. Él tenía poder para sanar indistintamente de cuántos necesitaban sanidad. Si las personas estaban hambrientas, Jesús tenía milagros en reserva para proveerles de comida. Él siempre estaba preparado con la historia correcta para enseñar un principio profundo. Él respondió con sabiduría asombrosa a las preguntas antagonistas de los líderes estudiosos y religiosos. Siempre tenía una palabra amable para los desalentados, hasta un abrazo lleno de afecto para los niños bulliciosos.

Así es que los discípulos querían lo que Jesús tenía; anhelaban participar en el tipo de oración que veían en la vida de Jesús que producía relaciones, poder y resultados. Querían saber cómo orar de la forma en que Él oraba.

El poder detrás del modelo

Para responder su pregunta, Jesús les enseñó a los discípulos este modelo de oración en el contexto de Su enseñanza del lugar secreto:

> "Cuando ores, no seas como los hipócritas, porque ellos aman el orar de pie en las sinagogas y en las esquinas de las calles para ser vistos por los hombres; de cierto os digo que ya tienen su

recompensa. Pero tú, cuando ores, entra en tu cuarto, cierra la puerta y ora a tu Padre que está en secreto; y tu Padre, que ve en lo secreto, te recompensará en público. Y al orar no uséis vanas repeticiones, como los gentiles, que piensan que por su palabrería serán oídos. No os hagáis, pues, semejantes a ellos, porque vuestro Padre sabe de qué cosas tenéis necesidad antes que vosotros le pidáis."
>
> Mt. 6:5-8 (RVR1995)

Lo que sigue es el fundamento de la enseñanza de Jesús acerca de la oración y un modelo poderoso de cómo oraba Él:

> "Vosotros, pues, oraréis así: Padre nuestro que estás en los cielos, santificado sea tu nombre. Venga tu Reino. Hágase tu voluntad, como en el cielo, así también en la tierra. El pan nuestro de cada día, dánoslo hoy. Perdónanos nuestras deudas, como también nosotros perdonamos a nuestros deudores. No nos metas en tentación, sino líbranos del mal, porque tuyo es el Reino, el poder y la gloria, por todos los siglos. Amén."
>
> versículos 9-13

Aunque la oración del Padre Nuestro es elocuente, su poder no radica en su elocuencia. Aunque este modelo de oración cubre muchas de las necesidades de la condición humana, su poder no reposa en el alcance de los temas que aborda. El poder de esta oración es la *ubicación* de la oración: el lugar secreto. Cada aspecto de esta oración está lleno de poder por haberse reunido con el Padre en una relación de oración que da vida.

Jesús podía hablar del *Padre Nuestro* por causa de la relación íntima en el lugar secreto que le daba profundidad a la revelación de la santidad de Dios en el cielo. Él podía orar con autoridad y poder—"Venga tu Reino. Hágase tu voluntad, como en el cielo, así también en la tierra"—porque vivía del cielo a la tierra. Él extraía Su fuerza del cielo para vivir con una mentalidad del Reino en la tierra. Él manifestaba su conversación celestial con el Padre.

Jesús podía confiar plenamente en Dios para recibir Su provisión diaria porque Él conocía el carácter de Su Padre. Él no basaba Su confianza en una lista de citas ingeniosas o de pensamientos positivos. Él en realidad conocía al Señor. Su Padre es bondad y benignidad todo rodeado de amor.

Jesús entendía que Su Padre tiene favor y misericordia para dar perdón. Jesús mismo encontraba gracia para perdonar cuando estaba en ese lugar secreto a solas con el Padre.

Jesús sabía cómo vencer el mal y sabía acerca de la victoria sobre la tentación. Algunos piensan que Jesús se mantuvo libre de pecado ante la tentación porque Él era Dios. No. Él vino a vivir en la tierra en la carne y se enfrentó a la tentación, al igual que usted y yo. Él ganó cada batalla contra la tentación porque vivió en la plenitud de la relación con Su Padre en el lugar secreto. Y Jesús les enseñó a Sus discípulos cómo acudir a la fuente de poder cuando oraban.

La lección para usted y para mí: Acudamos al Padre en el lugar secreto para tener una relación que da vida.

Pasar tiempo en el lugar secreto

El lugar secreto, como ya he dicho, es un lugar espiritual y una postura del corazón. No es una visita rápida a Dios o un toque de Su presencia. Es una relación constante y dinámica con Dios.

Aunque nuestra vida de oración y comunión con Dios es continua durante el día, todos los días, nuestro tiempo a solas con Él en quietud alimenta esa relación. Al pasar tiempo intencionalmente a solas con Dios, descubrimos que nuestra habitación momento a momento con Él nos infunde de vida, fuerzas y gozo.

¿Cómo nutrimos nuestra relación con el Padre en el lugar secreto de oración?

Quédese quieto.

En Mateo 6:5-8 Jesús nos dijo qué cosas no hacer. Él dijo que no necesitábamos ser escandalosos ni hacer aspavientos en el lugar secreto, "No seas como los hipócritas" (v. 5). No es necesario que tratemos de impresionar a Dios ni de captar Su atención. Él no se siente atraído a nuestra elocuencia. No le impresionan nuestras oraciones largas. De hecho, Jesús dijo que no debemos usar tantas palabras, especialmente las repetitivas. Cuando Él dijo, "no uséis vanas repeticiones, como los gentiles" (v. 7) pienso que quería decir que no debíamos lanzarnos inmediatamente a hacer proclamaciones ni a hacer una interminable lista de peticiones aleatorias.

En realidad a Dios le atrae nuestra quietud, el que estemos quietos delante de Él. Aunque se deleita en nuestra celebración y aprecia nuestro servicio, Él se siente atraído a nuestra quietud. Por eso es que Jesús felicitó a María y reprendió a Marta. Apreciaba el servicio de Marta, pero se sentía atraído a la serenidad de María.

Él se manifiesta a nosotros en nuestros momentos de quietud.

Por eso, adórelo. Medite en Él. Piense intensamente en

la bondad de Dios. Considere Su insondable creatividad e ilimitados recursos. Y escuche. Escúchelo hablar. Escúchelo respirar—el aliento de Su Espíritu. Empápese de la bondad, fortaleza y sabiduría de su Padre.

"Quédense quietos, reconozcan que yo soy Dios." (Sal. 46:10). Si realmente queremos conocer a Dios en la intimidad, personalmente, lo conoceremos en la quietud.

Lamentaciones 3:24-26: "'Mi porción es Jehová; por tanto, en él esperaré,' dice mi alma. Bueno es Jehová a los que en él esperan, al alma que lo busca. Bueno es esperar en silencio la salvación de Jehová". Entonces, descansamos en la bondad de Dios, estamos en silencio en Su presencia. En esa calma podemos ver Su provisión y entendemos cómo acceder a los recursos que Él tiene para nosotros.

Job 37:14: "Espera un poco, Job, y escucha; ponte a pensar en las maravillas de Dios". Escucharemos al Señor en la quietud cuando nos pongamos a pensar en Sus caminos y en las demostraciones de Su majestad.

Éxodo 14:13, "No temáis; estad firmes y ved la salvación que Jehová os dará hoy". Aquiete su alma y vea cómo se mueve el Espíritu Santo. Recuerde, observar al Espíritu Santo es una de las formas en las que nos relacionamos con Dios en la oración. Podemos ver claramente en la quietud cómo Él lleva a cabo Sus intenciones para nuestro bien.

Adore a Dios.

Adore a Dios en el lugar secreto, en el lugar de silencio. Adórelo desde ese lugar profundo en su espíritu, no con su mente o emociones plenamente involucradas. Solo deje que su espíritu adore la magnificencia y majestad de Dios. Permita que su espíritu se rebalse de la bondad y profunda benignidad que tiene para usted.

Escuche.

Yo conozco a mi esposo Dave, tanto así que puedo reconocer el patrón singular de su respiración cuando estoy cerca de él. De la misma manera, escuche en el lugar secreto. Acerque su oído al Padre y escuche Su corazón. Escuche las oraciones de Jesús, el gran Intercesor. Escuche al Espíritu Santo al divulgar verdades enriquecedoras y mostrarle Sus caminos. Escuche cuando Él habla a través de la Palabra.

Unas veces me gusta escuchar la respiración de Dios en la quietud. Acercarme a Él para reconocer Su respiración. Hay fuerza, unción, poder y consuelo en el aliento de Dios. Eso es intimidad.

Ore lo que está en Su corazón.

Jesús dijo, "vuestro Padre sabe de qué cosas tenéis necesidad antes que vosotros le pidáis" (v. 8). Cuando presentamos una lista de necesidades, Él ya las conoce. En lugar de pedir rápidamente, ¿qué pasaría si inquiriéramos en Sus caminos? ¿Y si preguntáramos, "¿Qué quieres, Señor?" Y si, en lugar de pedirle que cumpla nuestros sueños, ¿le pidiéramos al Señor que comparta los Suyos?

Al entrar a una conversación celestial con Dios, primero ore lo que está en el corazón de Él. Continúe en la corriente de lo que oye al adorar y escucharlo. Puede ser que descubra que algunas de sus peticiones de oración ya no son pertinentes a la luz de lo que escuchó de parte de Él. Algunas peticiones pueden convertirse en acciones de gracias al darse cuenta de que el Espíritu Santo ya está trabajando a favor suyo. O tal vez encuentre paz y consuelo en los asuntos que antes le perturbaban.

Ore lo que está en su corazón.

Después de que ha hablado con el Señor acerca de las cosas que están en Su corazón, siga con aquellas que siguen estando en el suyo. Asegúrese de darle tiempo para que Él le hable a esas cosas y le de revelación para cada situación.

Y adórelo.

Continúe adorando a Dios, ofrezca acción de gracias por la sabiduría y revelación que le da. Acepte plenamente el valor y la paz que Él imparte. Celebre Su bondad en las oraciones que Él responde. Se producen más rompimientos por las respuestas a nuestras oraciones durante la adoración que durante los tiempos de petición. Cuando usted le pida algo, adórelo. Él realmente está haciendo que todas las cosas obren para su bien.

Juan 17:22 dice, "Yo les he dado la gloria que me diste, para que sean uno, así como nosotros somos uno". Jesús era uno con Su Padre y Él sinceramente deseaba que nosotros también fuéramos uno con Él y con los demás. Si amamos al Padre como lo hizo Jesús, siendo uno con el Padre, veremos Su gloria y experimentaremos Su poder. Lo conoceremos en esa relación de oración que da vida. Oraremos como oró Jesús: con poder, autoridad y resultados.

Los siguientes capítulos presentarán frases clave de este maravilloso modelo de oración.

NANCY McDANIEL

6

Padre nuestro que estás en el cielo

> "Ustedes deben orar así: 'Padre nuestro que estás en el cielo, santificado sea tu nombre'."
>
> Mt. 6:9

He tenido la bendición de tener un padre maravilloso, uno que me ama y que parece disfrutar genuinamente de mi compañía. Mientras crecía, mi papá se reía de lo que yo consideraba divertido, se interesaba con lo que yo hacía y se deleitaba de compartir sus intereses conmigo. Dábamos largos paseos juntos e inventábamos juegos. Él me ayudó a escribir mi primer trabajo final de la universidad. Me enseñaba siempre y estaba presto para defenderme. Me resulta, por ello, fácil encontrar consuelo, fuerzas e intimidad en las palabras *Padre nuestro*.

Otros no han sido tan bendecidos y les cuesta relacionarse con Dios como el Padre. Pero acercarse a Dios en oración como "Padre nuestro", indistintamente del tipo de padre con el que hayamos crecido resulta de conocer a nuestro Creador en el lugar secreto. Le decimos *Padre* por esa relación íntima y dadora de vida que nace de nuestra relación con Él en la oración. Le interesamos y Él se deleita en compartir Sus intereses con nosotros. Él camina con nosotros y nos ayuda en nuestros proyectos de vida. Él nos enseña y nos defiende. Lo conocemos muy de cerca. Él es nuestro Padre.

Y podemos acercarnos a Dios en oración como "Padre nuestro" porque hemos compartido experiencias con Él, lo cual es el fundamento de nuestra confianza en Él. Al día de hoy, yo sé que si le pido algo a papá, él va a hacer todo o que esté dentro de sus fuerzas y recursos para dármelo. ¿Por qué? Porque es mi papá y tenemos suficiente experiencia compartida para que yo sepa que me ama tanto que simplemente no puede decir que no.

Jesús sabía que los papás eran así cuando dijo,

> "Así que yo les digo: Pidan, y se les dará; busquen, y encontrarán; llamen, y se les abrirá la puerta. Porque todo el que pide, recibe; el que busca, encuentra; y al que llama, se le abre. ¿Quién de ustedes que sea padre, si su hijo le pide un pescado, le dará en cambio una serpiente? ¿O si le pide un huevo, le dará un escorpión? Pues si ustedes, aun siendo malos, saben dar cosas buenas a sus hijos, ¡cuánto más el Padre celestial dará el Espíritu Santo a quienes se lo pidan!"
> Lc. 11:9–13

Nuestro Padre se deleita en dar a los que son Sus hijos. Él se deleita en presumir de Sus hijos. ¡Realmente piensa que somos geniales! Quiere que el resto de la creación vea lo geniales que somos. Me gusta mucho la forma en que la versión *The Message* traduce un pasaje que enfatiza este punto:

> "Así que, mis queridos amigos, no se salgan del camino. Cada don deseable y beneficioso viene del cielo. Los dones son ríos de luz que caen como cascada desde el Padre de la Luz. No hay nada engañoso en Dios, nada de dos caras, nada caprichoso. Él nos trajo a la vida usando la Palabra de verdad, alardea de nosotros como la corona de todas sus criaturas."
>
> Stg. 1:16–18 (Traducción libre)

Cuando comience a orar "Padre nuestro", haga una pausa en esa expresión de intimidad y ternura. Que las experiencias que usted ha compartido con el Padre le den la confianza de que Él se deleita en usted y desea darle. Permita que la intimidad de la relación que da vida que usted tiene con Él lo inunden con fuerza, consuelo y gozo profundo.

¿Oración o preocupación?

Poco tiempo antes de dar a Sus discípulos el modelo de oración en Mateo 6, Jesús dijo en tres oportunidades (v. 25, 31, 34) que no debíamos de preocuparnos. Él dijo que no nos preocupáramos por la vida... de lo que habíamos de comer, beber o vestir. Tampoco debemos preocuparnos por el futuro. En su lugar, debemos buscar el Reino de Dios y vivir una vida justa. Y entonces nuestro Padre nos dará todo lo que necesitamos.

¡Qué importante es entender la diferencia entre la preocupación y el llamado a la oración! Puede ser que venga a su mente una preocupación por algo en particular. Es posible que esa preocupación tenga su raíz en la preocupación o podría ser un deseo de orar. Si lo presenta en su conversación celestial en el lugar secreto y encuentra que hay esperanza que da vida y revelación, verá que es un llamado a la oración que resultará en la intervención de Dios. Si se siente abrumado y preocupado, de forma que sus tiempos de oraciones son solo sesiones para amplificar la severidad de la situación, podemos decir que usted está atrapado en la preocupación que produce ansiedad, temor y frustración.

Rumiar la preocupación no es intercesión. El Espíritu Santo quiere llevarlo a una relación mejor, una que da vida. Únicamente Él puede darle un poco de consuelo cuando usted está ahí repasando sus preocupaciones ante el Padre. Pero, él quiere sacarlo de la ansiedad y atraerlo a la paz interna del lugar secreto con su Padre.

Hay algunas personas bien intencionadas que confunden un llamado genuino a la oración con la preocupación. Parecen creer que el temor ante las situaciones sombrías es una marca de la intercesión. Lucen deprimidas y es deprimente estar cerca de estas personas. Están cansadas y con frecuencia batallan contra el agotamiento total.

La oración no debe ser deprimente. La intercesión es uno de los ministerios más llenos de gozo en la comunidad de creyentes. ¿Por qué? Pues porque en la oración es donde adoramos la majestad de Dios y vivimos maravillados de Él. El Espíritu Santo nos muestra cómo se está moviendo en las situaciones imposibles para llevar a las personas a resultados asombrosos. Estamos en primera fila para presenciar los milagros de Dios.

La *preocupación* significa "dividir en partes" y sugiere distracción y preocupación con situaciones o relaciones que causan ansiedad, estrés y presión. Significa ser de doble ánimo—pues parte de su mente estará en las cosas celestiales y otra parte en lo terrenal—. Es como si parte de usted estuviera buscando primero el Reino de Dios, como dijo

Jesús, mientras que la otra parte está distraída preocupándose o ansiosa.

Jesús dijo tres veces en Mateo 6 que no debíamos preocuparnos. No debemos ser de doble ánimo. Nuestro Padre ya sabe qué es todo lo que necesitamos para la vida (vea Mateo 6:8 y 6:32). Cuando comenzamos a orar, "Padre nuestro" nuestras mentes encuentran que es simple confiar en Él como el que nos ama, nos provee y el que ha trazado un mapa de nuestro futuro para nuestro bien. Cuando nuestra atención está concentrada en el cielo, dejamos de preocuparnos por las cosas en la tierra.

Y cuando oramos "Padre nuestro que estás en el cielo", estamos dirigiéndonos a Dios en Su lugar de habitación. Somos llevados a ese lugar secreto, Su salón del tesoro, en donde podemos tener una conversación celestial. Nuestra perspectiva cambia de las preocupaciones de la tierra a las promesas y posibilidades del cielo. Nuestra atención pasa a los recursos y bondad ilimitados de nuestro Padre en lugar de estar confinados en las preocupaciones terrenales. Pasamos a tener pensamientos sin doblez en el Reino en lugar de pensamientos de doble ánimo llenos de preocupación.

Así que cuando usted no está seguro si un problema en particular es una preocupación o un llamado a la oración, hágase la pregunta de la plomada: ¿Me da vida o me la drena? Si le drena la vida, probablemente se ha deslizado en el campo de la preocupación. Si el instinto a orar lo llena de esperanza y vida, entonces es un llamado a estar en el lugar secreto y orar.

"Santificado sea tu nombre"

La faceta central del carácter de Dios que adoran en el cielo es Su santidad. Cuando fijamos nuestra atención hacia el cielo al orar, "Padre nuestro que estás en los cielos", nosotros también vemos un poquito de la santidad de Dios.

Así le sucedió al profeta Isaías. Murió el rey por lo que Isaías comenzó buscar a Dios pidiendo sabiduría para el siguiente paso en la nación. Al orar, tuvo una visión de la adoración en el cielo. En esa visión vio que los ángeles que rodeaban el trono de Dios exclamaban en adoración, "Santo, santo, santo es el Señor Todopoderoso; toda la tierra está llena de su gloria" (Is. 6:3). Los ángeles, en una continua antífona, adoran. Un grupo exclama a gran voz y canta desde un lado del trono, "¡Santo, santo, santo!", y otro grupo respondía del otro lado "¡Santo, santo, santo!". Así es continuamente y se multiplica en el cielo con gloriosos ecos de adoración.

En ese lugar de sublime adoración Isaías llegó a lo que yo denomino una "conversación celestial" con Dios. El Señor le mostró algunas cosas que ocurrirían pronto y la participación que él mismo tendría en Su plan.

Isaías experimento adoración intensa, pero no más intensa que la adoración que nosotros experimentamos cuando entramos al lugar secreto de la oración que da vida al adorar Su santidad.

Orar "Santificado sea tu nombre" reconoce quién es Dios y habla directamente a Su identidad. Este es un aspecto poderoso de la oración.

Pedro hizo lo mismo en su conversación con Jesús en Mateo 16:13-19. Cuando Jesús les preguntó a Sus discípulos cómo lo veían las personas, la respuesta de Pedro hizo referencia directa a la identidad de Jesús, "Tú eres el Cristo", el

"Hijo del Dios viviente" (v. 16). En ese momento, Pedro entró a una conversación divina. ¿Que cómo lo sé? Pues porque Jesús dijo que Pedro no se había inventado la respuesta ni la había oído de alguien más. Su respuesta vino por revelación directa del Padre de Jesús en el cielo.

¿Cómo respondió Jesús cuando Pedro habló a Su identidad? Respondió con revelación dirigida a la identidad de Pedro, liberándolo para su destino, tal como sucedió con el profeta Isaías.

¿De qué manera se relaciona esto con usted? Cuando ore, "Santo es Tu nombre", hable a la identidad de su Padre. Él habla a su identidad también. Le responde según la forma en que usted es visto en el cielo. Lo llama por su nombre y lo llena de poder para vivir en la identidad que Él ha propuesto para usted. Él descarga esa unción y provisión del cielo a su vida.

Cuando vaya al lugar secreto con su Señor, relaciónese con Él como su Padre y reciba Su amor para usted como hijo que es. Después, hable directamente a Su identidad como un Dios santo. En la conversación celestial que siga hallará el poder y la unción para vivir en su verdadera identidad tal como Él lo ve.

NANCY McDANIEL

7

Oremos del cielo a la tierra

"Venga tu reino."
Mt. 6:10

En el lugar secreto oramos con un agudo sentido de conciencia del diseño y participación de Dios en los detalles de nuestra vida, así como en los eventos y cuestiones de los asuntos del mundo. "Venga tu reino" es en realidad una oración pertinente y radical. Estamos orando de forma proactiva para que la realidad del Reino de Dios invada la tierra *ahora*. Nuestras oraciones se alinean con el cielo para liberar una fuerza que da vida del cielo a la tierra. Esta fuerza que da vida tiene un impacto de justicia en los sistemas del mundo. Con ella creamos una apertura en la atmósfera espiritual de la tierra para descargar los caminos, intenciones, creatividad y bondad de Dios en los pensamientos de los hombres, sus instituciones, organizaciones y estructuras gobernantes.

Cuando analizamos la idea de orar el Reino de Dios para la tierra, es importante que entendamos los dos tipos de autoridad que ejercemos como creyentes: externa e interna.

Orar con autoridad externa

Primero, oramos la autoridad *externa* del Reino de Dios, trayendo el Reino a la atmósfera de la tierra. Jesús le concedió su autoridad a Sus discípulos (los de antes y los de ahora) cuando los comisionó para hacer el ministerio del Reino en la tierra:

> "Habiendo reunido a los doce, Jesús les dio poder y autoridad para expulsar a todos los demonios y para sanar enfermedades. Entonces los envió a predicar el reino de Dios y a sanar a los enfermos."
> Lc. 9:1–2

> "Jesús se acercó entonces a ellos y les dijo: Se me ha dado toda autoridad en el cielo y en la tierra. Por tanto, vayan y hagan discípulos de todas las naciones, bautizándolos en el nombre del Padre y del Hijo y del Espíritu Santo."
> Mt. 28:18–19

Esta autoridad externa permitió que los discípulos de Jesús cumplieran, exponencialmente, el trabajo del ministerio que Él había iniciado cuando estuvo acá.

La autoridad externa también es el manto que Dios confiere a los creyentes cuando nos coloca en posiciones de influencia para que traigamos a la tierra la atmósfera del cielo. Por ejemplo, Él da visión y sabiduría para que aquellos a los que Él pone en puestos de liderazgo ministerial guíen a otros. Él pone en los que han sido llamados al ministerio pastoral, un corazón que se interesa y la habilidad de ser mentor y guía para las personas en cada estación de la vida. A los líderes de adoración les da la sensibilidad de fluir en el Espíritu Santo en la adoración e inspiración para atraer a otros a la presencia de Dios. Cuando Él nos llama y posiciona en roles ministeriales específicos, pone Su autoridad en nosotros para servir en esa capacidad. De la misma manera, cuando Dios nos llama a un ámbito de influencia en el mercado, gobierno u otra estructura organizacional, Él pone Su autoridad sobre nosotros para que manifestemos Sus propósitos en la tierra.

Orar con autoridad interna

También somos investidos de parte de Dios con autoridad *interna* en el lugar secreto de oración. Él les dijo a los discípulos que "el reino de Dios está entre ustedes" (Lc. 17:21). La autoridad interna es la inquebrantable confianza de que Dios cuidará de nosotros en cualquier situación. Es la certeza de que podemos reposar en su bondad y favor. Es fortaleza interna, apacible que tenemos porque dentro de nosotros tenemos el Reino inconmovible de Dios (vea He. 12:28).

Cuando oramos, "venga tu reino", en realidad buscamos el Reino de Dios con total confianza sabiendo que Dios se ocupará de todas nuestras necesidades en el trayecto y que Él se deleitará en manifestar Su Reino en el mundo a través de nosotros.

¿Cómo podemos estar seguros? Porque llevamos el Reino del cielo adentro; autoridad interna para orar el Reino de Dios en los asuntos de la tierra.

La autoridad interna de Jesús lo apartó con Su ministerio terrenal. Las personas del primer siglo entendían que la autoridad externa acompañaba los puestos de los líderes religiosos y cívicos. Pero, no podían entender la autoridad que Jesús tenía. Mateo 7:29 dice "porque les enseñaba como quien tiene autoridad y no como los escribas". Esto no era autoridad externa sino interna que fluía desde el lugar secreto donde está la oración que da vida con Su Padre.

El rey David demostró una vida de autoridad externa e interna. Él caminó en autoridad externa cuando lo ungieron como rey, tenía la gracia e integridad que lo apartaba como un gran rey y guerrero en Israel. Pero David también poseía autoridad interna. Él conocía a Dios en el lugar secreto por esa adoración y oración que le daban vida. David llevaba dentro el Reino eterno de Dios.

Y usted también.

El diseño misericordioso de Dios

"Venga tu reino, hágase tu voluntad en la tierra como en el cielo."

Mt. 6:10

¿Alguna vez le ha añadido la frase *si es tu voluntad* a sus oraciones? Quizás lo haga con la intención de someter sus peticiones a la voluntad de Dios y al Señorío de Jesucristo. Aunque una comprensión incompleta de esta frase—que es una parte fértil del modelo de oración de Jesús—puede terminar haciendo que nos conformemos con menos de lo que Jesús dispuso. También puede ser que esta frase sea un descargo de responsabilidades, como diciendo que no sabemos cuál es la voluntad de Dios y, por ello, si la respuesta no es concedida, se debe a que no era Su voluntad.

Esto no es lo que Jesús quería decir con la frase *Hágase tu voluntad*. Cuando uno ora a partir de esa relación que da vida, ahí en el lugar secreto, sus oraciones ya están alineadas con la voluntad del Padre.

Voluntad significa determinación, elección, propósito, decreto, diseño misericordioso, inclinación, deseo, placer. También significa intención.

Al proclamar la voluntad de Dios en la tierra estamos liberando decretos del cielo a los asuntos de la tierra. Estamos orando para que se manifiesten los propósitos de Dios en la tierra. ¡Es extraordinario poder orar que la voluntad de Dios venga del cielo a la tierra!

Cuando las cosas en la tierra están apartadas de Dios, todo se vuelve muy caótico. Esas personas que no están alineadas a Su reino funcionan en el caos y la anarquía. Los sistemas del mundo—desde las familias hasta los negocios y los gobiernos—no funcionan en su potencial pleno si están apartados de Dios. Las familias tienen dificultades. Las naciones tienen conflictos con otras naciones. Las economías del mundo se desmantelan.

Sin embargo, Dios tiene un diseño. Él no está sentado en el cielo retorciéndose las manos preguntándose qué hacer con este mundo que creó. Él tiene una voluntad—un diseño intencional—para los asuntos de la tierra. La voluntad de Dios es su plantilla celestial, el diseño misericordioso del reino del cielo que desea manifestar en la tierra. Nuestras conversaciones celestiales en el lugar secreto son la manera en la que Dios nos muestra su diseño misericordioso a fin de que podamos proclamar Su voluntad e intenciones en la tierra. Hasta cierto punto, estamos trazando la plantilla de ese diseño de Dios sobre el caos del planeta tierra.

Voluntad también significa deleitarse en o amar algo. Todo en el cielo deleita a Dios. Cuando proclamamos Su voluntad en la tierra, estamos acogiendo los deleites del cielo y liberando la atmósfera del cielo en la tierra.

La vida del cielo a la tierra

Si vamos a *orar* del cielo a la tierra también necesitamos *vivir* del cielo a la tierra. Pienso en esta forma de vivir de la siguiente manera: El cielo es mi hogar y la tierra es mi casa.

Otro ejemplo, mi trabajo es mi ocupación, mi vocación. Disfruto mi trabajo y lo encuentro muy gratificante, pero no vivo ahí. Al final del día, me voy del trabajo y regreso a mi hogar. Ahí es donde vivo, donde descanso. Guardo mis pertenencias, mis tesoros en mi hogar. Ahí florecen las relaciones y ahí es donde me nutro. Ahí comienzo y termino el día.

Pero el cielo es mi verdadero hogar.

En el lugar secreto experimento el clima celestial en donde medito en las maravillas de Dios mientras sus palabras me cubren con una fuerza dadora de vida y me transforman para ser como ese diseño de misericordia. El cielo infunde gozo y creatividad en todo lo que hago. Tengo una conversación celestial con Dios. Hallo descanso y me nutro cuando habito en Su presencia. Él es refugio y mi protección cuando la vida en la tierra parece muy difícil. Esta atmósfera celestial es donde anhelo estar.

Al habitar en el lugar secreto con Dios puedo salir de la atmósfera de la tierra para asociarme con Dios y traer el cielo a la tierra. ¿Cómo? Yo llevo Su reino dentro de mí y por eso puedo orar, "Hágase tu voluntad en la tierra como en el cielo".

Efesios 2:2 nos dice que Satanás es el "príncipe de la potestad del aire". Él no vive en el cielo; fue expulsado de ahí. La tierra tampoco fue creada para él y es por eso que hace todo lo que puede para alejar a la humanidad del diseño misericordioso de Dios. Satanás vive y funciona en la atmósfera para tratar de desplazar el clima espiritual de fe con la incredulidad. Él trata de suplantar la confianza con temor, la esperanza con desesperación, el amor con odio y la aceptación con rechazo. Él intenta socavar la bondad y la luz de Dios en la tierra.

Los creyentes son 'transformadores de atmósfera' en el sentido contrario. El Reino del cielo dentro de nosotros nos da autoridad sobre el príncipe de la potestad del aire. Efesios 2:6 dice que estamos sentados con Cristo en los lugares celestiales. Estamos sentados por encima de la atmósfera en donde Satanás lleva a cabo sus tácticas oscuras. Estamos sentados con Cristo para demostrar la gran gracia de Dios que ahuyenta las tinieblas.

Desde esa posición con Cristo podemos orar, "Venga tu reino. Hágase tu voluntad en la tierra como en el cielo". Nuestras oraciones pueden, incluso, transformar la atmósfera que nos rodea de la incredulidad a la fe, del temor a la confianza, de la desesperanza a la esperanza, del odio al amor, del rechazo a la aceptación. Una atmósfera que drena la vida se convierte en una que sí da vida cuando proclamamos la voluntad de Dios, Su deleite y diseño misericordioso del cielo a la tierra.

Hace un tiempo, mi esposo Dave y yo oramos para transformar la atmósfera espiritual en una parte de una comunidad cercana. Condujimos por las calles y oramos específicamente por los negocios. Nos sentimos atraídos a un área del pueblo en particular y ahí descubrimos una librería y tienda de videos para adultos en un vecindario que era, orientado a familias. Podíamos percibir las tinieblas y opresión que había entrado a esa parte del pueblo. Aun así sabíamos que estábamos sentados con Cristo encima de las tinieblas, posicionados para proclamar vida y colocar la plantilla de Dios sobre esa comunidad para llevar su diseño misericordioso a las personas que vivían allí.

Por eso oramos por los dueños de la tienda para adultos.

Oramos que Dios liberara creatividad en ellos para pensar en un nuevo plan de negocios que fuera más rentable que su actividad actual. Oramos que pudieran prosperar de tal forma que fueran de bendición a la comunidad y mejoraran el vecindario.

Poco tiempo después, observamos que la propiedad había sido vendida y supimos que la venta había sido muy rentable. El espacio terminó siendo utilizado para fines educativos en la comunidad.

Dios tenía un diseño, Su voluntad, para bendecir y desarrollar a esa comunidad. Dave y yo habíamos podido asociarnos con el cielo en oración para vencer al príncipe del poder de los aires y restablecer la influencia del cielo en esa parte del pueblo.

Usted también puede vivir del cielo a la tierra, orando sin preocupación o negatividad y con confianza, gozo y un corazón de adoración. Orar del cielo a la tierra lo ayudará a usted y a quienes lo rodean a vivir en lugar de solo subsistir. Orar del cielo a la tierra lo convierte en un 'cambiador de atmósfera' en la tierra.

8

Recibamos los recursos del cielo

"El pan nuestro de cada día, dánoslo hoy."
Mt. 6:11

Jesús no se preocupó por Sus necesidades diarias. Nosotros tampoco debemos preocuparnos por las nuestras. Él nos enseñó que nuestro Padre sabe qué necesitamos aun antes de que pidamos.

Jesús estaba tan libre de preocupaciones por encontrar albergue que en la noche hizo Su cama en un bote que se mecía en un mar embravecido (vea Mr. 4:37-38). ¿Cómo pudo descansar tan serenamente en medio de la tormenta que amenazaba con quitarles la vida? Pudo porque en el lugar secreto con Su Padre, Él había aprendido a ir más allá de los recursos de la tierra para recibir los recursos del cielo.

Él necesitaba albergue y descanso esa noche y los recursos de la tierra solo le ofrecían la popa de un bote pesquero en un mar tormentoso. Jesús decidió tomar de los recursos del cielo para hallar la paz y consuelo internos que transformaran un bote azotado por la tormenta en un lugar de serenidad. Así, cuando los que lo rodeaban se llenaron de temor, Él echó mano de los recursos del cielo para transformar la atmósfera y calmar la tormenta.

Tampoco le preocupaban las finanzas. Él no tuvo pánico cuando fue momento de pagar los impuestos. En lugar de ingeniarse cómo eximirse de pagar el impuesto, Jesús fue más allá de los recursos de la tierra y tomó de los recursos del cielo. Los recursos de la tierra ese día eran las habilidades pesqueras de Pedro. Los recursos del cielo: la moneda que hallaron milagrosamente en la boca de ese pez . . . justo para pagar sus impuestos (vea Mt. 17:24-27).

En otra ocasión necesitaban comida—mucha comida. Todos tenían hambre después de un día largo de enseñanzas y ministración. Cuando los discípulos de Jesús revisaron sus recursos terrenales, se estresaron mucho. No tenían, ni por asomo, suficiente comida para alimentar a más de cinco mil personas. El único recurso que les ofrecía la tierra ese día era el almuerzo de un niño, así es que los discípulos querían enviar a todos a casa para que cada quien se ocupara de sí mismo.

¿Qué hizo Jesús? No les dio un sermón acerca del hambre mundial ni del ayuno. Ni siquiera recogió una ofrenda. Lo que hizo fue extenderse más allá de los recursos de la tierra y el cielo proveyó suficiente para alimentar a toda la multitud, además de un recipiente con comida que cada discípulo se llevó consigo.

Cuando Jesús necesitaba algo, no ignoraba los recursos de la tierra, pero tampoco estaba limitado por los recursos terrenales. Él usó lo que la tierra tenía para ofrecerle para ir por algo mayor—algo ilimitado, algo que la tierra no podía darle. Podía hacerlo por esa relación confiada que tenía con Su Padre en el lugar secreto.

Jesús les enseñó a Sus discípulos a orar en el lugar secreto por el "pan de cada día", hizo referencia a su necesidad de sustento temporal: alimento, vestido, las necesidades diarias de la vida. El *pan de cada día* también hace referencia a la sustancia espiritual que nos da vida. El poder de la oración en el lugar secreto es el resultado de habitar continuamente en la presencia de Dios y de alimentarse de esa sustancia que da vida y que es Dios.

David entendió como extraer diariamente la sustancia de la presencia de Dios. Él escribió, "El Señor es mi pastor, nada me falta" (Sal. 23:1). En otras palabras, no tendremos necesidad de nada.

Una vez, un niño pequeño estaba aprendiendo de memoria Salmos 23 y le enseñaron que repitiera dos o tres palabras a la vez. Repitió una y otra vez las palabras hasta que finalmente se memorizó la primera frase: "El Señor es mi pastor". Su maestro, pensando que era suficiente que memorizara una frase, dijo "Es suficiente". El niño repitió, "Es suficiente". Después de ese día, cada vez que citaba Salmos 23, decía "El Señor es mi pastor y eso es suficiente".

Su cita equivocada era una paráfrasis excelente y reveladora. El amoroso cuidado del Señor es todo lo que necesitamos. Él es suficiente.

Podemos tener otra perspectiva del "pan de cada día" que vemos en el Padre nuestro al ver Salmos 23: "Dispones ante mí un banquete en presencia de mis enemigos" (v. 5a). Esto se refiere al código de conducta que gobierna el campamento del rey en un campo de batalla. Cuando disponían la mesa en un lugar tan peligroso, el lugar donde se sentaba se convertía en una zona de seguridad, como una embajada, fuera de alcance para el enemigo.

La mesa que el Señor prepara para nosotros es un lugar seguro en la misma manera. Ahí, en medio de las dificultades y la batalla, nuestro Señor ha preparado Su mesa para nosotros. El caos que ruge a nuestro alrededor no tiene autorización de acercarse a la mesa del Rey. Si nosotros nos acercamos a Él, renueva nuestras fuerzas y restaura nuestra vida. Nos da la bienvenida todos los días para que nos reunamos con Él. Él mismo es nuestro pan diario.

Nuestro tesoro y nuestro corazón

Dios es dador; se deleita en bendecirnos y en satisfacer todas nuestras necesidades. Pero también quiere que conozcamos el gozo y la plenitud del dar. Al dar para Su Reino o dar para bendecir a otros, expresamos Su amor y naturaleza dadora. Dar es una manera en la que crecemos para ser más como Él.

Pocos versículos después de enseñarles a Sus discípulos el Padre nuestro, Jesús les dijo:

> "No acumulen para sí tesoros en la tierra, donde la polilla y el óxido destruyen, y donde los ladrones se meten a robar. Más bien, acumulen para sí tesoros en el cielo, donde ni la polilla ni el óxido carcomen, ni los ladrones se meten a robar. Porque donde esté tu tesoro, allí estará también tu corazón."
>
> Mt. 6:19–21

Dar nos lleva a experimentar más profundamente la enriquecedora relación con Dios en el lugar secreto. La versión *The Message* lo dice así, "El lugar donde esté tu corazón es el lugar en donde tú más querrás estar y terminarás estando" (v. 21).

Dave y yo exploramos la bendición del dar. Hemos

descubierto que dar es una llave para recibir del Señor. Dar abre las puertas a un lugar más adentro en el tesoro de Dios, uno que va más allá de suplir nuestras necesidades. Dios nos lleva a una dimensión de relación con Él que libera su sabiduría y creatividad en aquello que administramos. Cuando damos generosamente de los recursos que Él nos ha dado, nos muestra cómo acceder a nuestros "tesoros en el cielo" (Mt. 6:20) lo que hemos depositado acá. El Señor nos muestra cuán ilimitados son los recursos del cielo.

NANCY McDANIEL

9

La libertad del perdón

"Perdónanos nuestras deudas, como también nosotros hemos perdonado a nuestros deudores."
Mt. 6:12

Las ofensas se pueden incrustar en nuestra alma. Cuando nos ofenden podemos sentir un dolor pertinaz que nos lleva a la ira, depresión o a preocuparnos por llevar a cabo la venganza. Las ofensas sin perdonar nos paralizan emocionalmente para sentir la libertad y vida abundante que Jesús nos ofrece. De igual forma, cuando ofendemos a otros, la culpa que sentimos nos puede separar de tener relaciones con confianza y llevarnos a tener dificultad para perdonarnos a nosotros mismos.

Pero el perdón, por otro lado, nos trae libertad. Cuando perdonamos a otros por sus ofensas, son liberados de la culpa de sus acciones o del dolor que provocaron. Además, nosotros somos liberados del dolor que llevábamos por esas ofensas. Y cuando Dios perdona los pecados de nuestro pasado, somos libertados del poder que el pecado tiene en nuestro futuro. Cuando perdonamos, somos libres para recibir el perdón.

El milagro del perdón

Que Dios pueda perdonar nuestros pecados y darnos vida eterna es un milagro incuestionable. También es un milagro que podamos perdonarnos unos a otros. Se requiere de la gracia de Dios fluyendo a través nuestro.

Nuestro corazón tiene un lugar en lo profundo que tiene la capacidad de perdonar o no perdonar. Hebreos 12:14-15 nos insta a mantener limpio ese lugar por la gracia de Dios:

> "Seguid la paz con todos y la santidad, sin la cual nadie verá al Señor. Mirad bien, para que ninguno deje de alcanzar la gracia de Dios, y para que no brote ninguna raíz de amargura que os perturbe y contamine a muchos."

En otras palabras, debemos mantenernos libres de ofender a otros o de ser ofendidos por otros, pues cualquiera de los dos estorba nuestras relaciones.

El poeta inglés Alexander Pope (1688-1744) escribió, "Errar es de humanos; perdonar, divino". Aunque su intención era que esa frase fuera un comentario satírico en "Un ensayo sobre la crítica" resulta ser una declaración verdadera y poderosa. Necesitamos que se nos imparta la naturaleza de Dios si es que hemos de perdonar. Recibimos esta impartición íntima a través de la oración que da vida, a medida que Dios nos capacita para perdonar. Vamos conociendo su bondad, benignidad, gracia, paciencia y perdón de forma profunda y así podemos perdonar a otros profundamente.

Oír a Jesús orar, "Padre, perdónalos" (Lc. 23:34) provoca un despertar de Su gracia en nosotros que libera el milagro del perdón en nuestros corazones. Cuando oramos por los que nos han lastimado, la gracia y el perdón fluyen a través de nosotros.

Debemos perdonar para ser perdonados. Jesús lo explicó así:

> "Porque si perdonan a otros sus ofensas, también los perdonará a ustedes su Padre celestial. Pero si no perdonan a otros sus ofensas, tampoco su Padre les perdonará a ustedes las suyas."
>
> Mt. 6:14–15

El perdón no es negociable. Es en el amoroso abrazo de Dios en el lugar secreto que encontramos el milagro de la gracia de Dios para perdonar y el poder para sobreponernos a las ofensas.

La recompensa del perdón

Conocer a Dios es verdaderamente conocer el perdón. Conocer la gracia de ser perdonado es fundamental para nuestra relación con Él. Y así, al perdonar a otros, Su gracia se perfecciona en nosotros.

Unos años atrás, una situación nos lastimó a Dave y a mí y fue algo que parecía infundado e injusto. Sentíamos que cualquier observador imparcial, si tomábamos la oportunidad de defendernos, vería claramente qué tan injustamente nos habían tratado. Aunque cuando oramos por la situación, sentimos que el Espíritu Santo nos decía, *"Cuando comiencen a defenderse a ustedes mismos, ahí dejaré de defenderlos Yo"*. No importaba cuánta razón tuviéramos. Lo que importaba era la condición de nuestros corazones. Sabíamos entonces que debíamos sacrificar la autodefensa y aceptar el flujo dador de vida del perdón.

Cuando perdonamos, nuestros corazones fueron sanados de ese dolor que sentimos. Vimos múltiples maneras en las que Dios había traído crecimiento a nuestra vida y a la vida de otros, porque el perdón nos liberó a todos de aquella ofensa.

El apóstol Esteban tuvo un encuentro con Dios que lo llenó de poder para perdonar (vea Hch. 7:55-60). Después de una revelación del cielo, pudo perdonar a sus acusadores que lo apedreaban. La oración de Esteban suena parecida a las palabras de Jesús cuando perdonó al ladrón que estaba crucificado a su lado. Esteban dijo, cuando lo lapidaban, "¡Señor, no les tomes en cuenta este pecado!" (v. 60). Moría como mártir, pero su corazón fluía con el poder y gracia de Dios.

Una gracia semejante es la que abrió la puerta para que la iglesia primitiva creciera por toda Judea y Samaria. Muchos llegaron a Cristo porque un hombre perdonó.

Uno de los hijos del patriarca Jacob también aprendió a extender la gracia de perdonar. Toda su vida José tuvo muchas oportunidades para tener resentimiento. Sus hermanos lo secuestraron, lo golpearon y lo vendieron como esclavo. Después, siendo esclavo trabajando para el oficial egipcio Potifar, José fue acusado falsamente por la esposa de Potifar y fue enviado a prisión. Después, un compañero de prisión, el mayordomo principal se olvidó de él cuando fue liberado a pesar de que José le había interpretado un sueño y le había pedido que hablara favorablemente de él con Faraón.

José, un hombre de sueños y talentos, fue abusado y abandonado de muchas maneras. Tenía todo el derecho de estar amargado, herido y enojado.

En Génesis 42, después de que José fue vindicado y puesto a cargo de todos los recursos en la tierra de Egipto, sus hermanos—aquellos que habían abusado de él y lo habían traicionado—llegaron queriendo comprar grano durante una hambruna. Esta pudo haber sido la oportunidad de José para vengarse. Pero los perdonó. ¿Cómo pudo hacerlo?

Sucedió algo en José entre el momento en el que fue liberado de prisión el mayordomo y el momento en que José fue llamado a servir en la corte de Faraón. Génesis 41:1 indica que transcurrieron dos años. La Biblia no cuenta nada de ese período. Todo lo que sabemos acerca de José durante ese tiempo es que continuó sirviendo en prisión acusado falsamente. Fue un tiempo en el que José se mantuvo oculto. José estaba en el lugar secreto de Dios recibiendo una impartición profunda e íntima de la gracia para perdonar.

José expresó la profundidad de su perdón hacia sus hermanos cuando dijo,

> "'Es verdad que ustedes pensaron hacerme mal, pero Dios transformó ese mal en bien para lograr lo que hoy estamos viendo: salvar la vida de mucha gente. Así que, ¡no tengan miedo! Yo cuidaré de ustedes y de sus hijos.' Y así, con el corazón en la mano, José los reconfortó."
>
> Gn. 50:20–21

Fue de la profunda experiencia de José con Dios que pudo perdonarlos y bendecirlos. Restauró la esperanza y la vida a sus hermanos y sus familias y les fue dado el alimento y se les extendió la invitación de vivir en un lugar de abundancia durante el tiempo de hambruna. Cuando José perdonó fue restaurada la relación con su familia.

Y Job también conoció a Dios en el lugar secreto. Leemos en Job 19 acerca de la agonía de sus pérdidas y del dolor que soportó. Aunque en medio de su discurso por la severidad por su sufrimiento, alzó su voz en adoración y declaró,

> "Yo sé que mi redentor vive, y que al final triunfará sobre la muerte. Y cuando mi piel haya sido destruida, todavía veré a Dios con mis propios ojos. Yo mismo espero verlo; espero ser yo quien lo vea, y no otro. ¡Este anhelo me consume las entrañas!"
>
> Job 19:25-27

Job no usó su sufrimiento como una excusa para apartarse de Dios, sino que su sufrimiento lo impulsó a ir más adentro al tesoro de Dios . . . al lugar secreto.

La única cosa buena de los amigos de Job—que no eran muy buenos amigos que se diga—es que lo visitaron frecuentemente. Solo que en lugar de ofrecer ánimo, consuelo o ayuda, le añadieron tormento con interminables preguntas, acusaciones y juicios en su contra. Al final, ya cuando la historia de Job está por concluir, Dios los confrontó. Él les dijo que estaba enojado con ellos y que necesitaban pedirle a Job que orara por ellos. Únicamente así, quizás, recibiría sus sacrificios y los perdonaría (vea Job 42:7-9).

Otra oportunidad en la que un hombre piadoso se enfrentaba a la necesidad de perdonar. Tuvo que suceder algo en el corazón de Dios para permitirle orar por sus amigos. Él también tenía que perdonarlos.

Lo que Job perdió fue restaurado por medio de la gracia del perdón:

> "*Después de haber orado Job por sus amigos*, el Señor lo hizo prosperar de nuevo y le dio dos veces más de lo que antes tenía."
>
> Job 42:10 (cursivas mías)

Intercesión palal

La palabra traducida como "orado" en Job 42 es *palal*. Se refiere a pedir a alguien con más poder y sabiduría que intervenga en favor del que ora. *Palal* viene de la palabra raíz que significa "juzgar". *Palal* es intercesión a Aquel que tiene el poder y la autoridad para borrar el registro de todas las ofensas y perdonar cada ofensa y pecado.

Para Job, la intercesión *palal* liberaba perdón, algo que solo Dios tenía el poder y la sabiduría de conceder. Job oro y Dios perdonó. La intercesión *palal* frecuentemente libera el poder del perdón de Dios.

La intercesión *palal* se da muchas veces en el Antiguo Testamento. El lugar de intercesión *palal* de Jonás—su lugar secreto de oración—fue el estómago de un gran pez. Su intercesión *palal* trajo el perdón por su desobediencia. A cambio, Jonás llevó el mensaje de arrepentimiento y perdón a toda la región de Nínive.

Moisés hizo intercesión *palal* a favor del pueblo de Israel. La ira de Dios contra ellos cesó y liberó Su perdón. Fue porque Moisés caminó con Dios y lo conoció en el lugar secreto que pudo intervenir a favor del pueblo, pidiendo a Dios que los perdonara.

La intercesión *palal* aparece en esta cita bíblica de la oración que nos es tan conocida. Es esa en la que yo pensé cuando Dave y yo orábamos por los estudiantes de su escuela:

> "Si mi pueblo, que lleva mi nombre, se humilla y ora, y me busca y abandona su mala conducta, yo lo escucharé desde el cielo, perdonaré su pecado y restauraré su tierra."
>
> 2 Cr. 7:14

Citamos esta escritura para días especiales de oración o eventos como el Día Nacional de Oración. El poder de esta oración para sanar la tierra está en Aquel que tiene el poder para perdonar. Los pecados de nuestra nación son perdonados, pero no solo porque muchas personas lo oran. Los valores de justicia no son restaurados como resultado de un evento grande de oración o por el compromiso a realizar un ayuno de muchos días. Nuestra nación es perdonada y sanada exclusivamente por la intercesión *palal*. Apelamos al que tiene la sabiduría y el poder de intervenir. Somos perdonados porque intercedemos con Él, que tiene el poder y la autoridad para limpiar el registro de cualquier juicio en nuestra contra.

Este versículo dice "Si mi pueblo . . . se humilla" y humillarse se refiere a un estilo de vida de postrarse delante de Dios. Es una relación continua de adoración en el lugar secreto, reconociendo la grandeza de Dios y Su poder y autoridad para perdonar.

Cuando perdonamos, Él perdona.

10

Venzamos el mal

"Y no nos dejes caer en tentación, sino líbranos del maligno."

Mt. 6:13

Todos nos enfrentamos a dificultades, tentación y guerra espiritual. Estos temas pueden ser muy desgastantes. Una batalla constante con la tentación—especialmente cuando la resistimos—puede agotarnos. Enfrentarnos a las maquinaciones del maligno puede ser extenuante aun si logramos surgir por encima de su acoso.

La perspectiva desde el lugar secreto

La guerra espiritual adquiere una perspectiva de victoria y triunfo por causa de esa relación de oración que nos llena de vida que encontramos en el lugar secreto. La presencia de Dios está llena de la luz de Su gloria y majestad y nos liberta.

Hay muchas enseñanzas acerca de la guerra espiritual que enfatiza el conocer al enemigo y entender lo que el enemigo usa en contra nuestra. Ese conocimiento sí puede ser útil, pero mucho énfasis en conocer al maligno también puede ser perjudicial. Puede hacer que nos impresionemos demasiado con él y nos fascine y eso resulta en algo opresivo y aplastante.

En el lugar secreto de adoración y oración es donde meditamos en la bondad, grandeza y poder de Dios. Nuestra búsqueda es conocer a Dios en su grandeza y majestad. En ese lugar no hay cabida para la preocupación por el poder del maligno. Dado que nos sobrecoge la bondad de Dios, el enemigo no nos impresiona para nada. Esta es la perspectiva de la guerra espiritual desde el lugar secreto.

No somos ingenuos. Satanás sí posee poder de oscuridad. Ha provocado gran caos en nuestras vidas y en el mundo; pero contra la bondad y benignidad de Dios, las maquinaciones de Satanás son pasajeras. Al contrastarlas con las gloriosas riquezas en Cristo, ese ladrón que roba, mata y destruye es solamente una molestia. Comparado contra la multiforme sabiduría y majestad de Dios, el maligno no impresiona.

La seguridad del lugar secreto

El lugar secreto de adoración y oración es un lugar de refugio y seguridad y refugio. Considere estos salmos:

> "Al amparo de tu presencia los proteges de las intrigas humanas; en tu morada los resguardas de las lenguas contenciosas."
> SAL. 31:20

> "El que habita al abrigo del Altísimo morará bajo la sombra del Omnipotente. Diré yo a Jehová:

'Esperanza mía y castillo mío; mi Dios, en quien confiaré'. Él te librará del lazo del cazador, de la peste destructora."

Sal. 91:1-3

"Tú eres mi refugio; tú me protegerás del peligro y me rodearás con cánticos de liberación."

Sal. 32:7

En la presencia de Dios no hay mal que pueda herirnos ni oprimirnos; tampoco hay poder de las tinieblas que pueda superarnos.

Victoria en el lugar secreto

Dios nos promete una salida de la tentación:

"Ustedes no han sufrido ninguna tentación que no sea común al género humano. Pero Dios es fiel, y no permitirá que ustedes sean tentados más allá de lo que puedan aguantar. Más bien, cuando llegue la tentación, él les dará también una salida a fin de que puedan resistir."

1 Co. 10:13

¿En dónde está esa salida? En el lugar secreto. Cuando nos encerramos con Dios en adoración y oración, el maligno simplemente no puede invadir. El lugar secreto, por lo tanto, es nuestra escotilla de escape. Los poderes de tinieblas pueden venir como estampida contra nosotros con todo tipo de maldad, pero nos hacemos invisibles al maligno cuando nos metemos en ese lugar secreto con nuestro Padre. Confunde al maligno y nos da la victoria.

Cuando entendemos la anatomía de la tentación, vemos que nuestra liberación proviene del lugar secreto. Somos tentados en cuerpo y alma (que consiste de mente, voluntad y emociones). Cuando usted entra al lugar secreto en su espíritu, su cuerpo y su alma lo seguirán en ese refugio que es Dios. Ahí se transforma y renueva su espíritu. Su espíritu es lleno con el poder del Espíritu Santo. Usted recibe la sabiduría divina para saber cómo lidiar con el mal que lo confronta. Su mente recibe, por medio de su espíritu, las estrategias divinas para huir de la tentación y como usted tiene en usted la multiforme sabiduría de Dios y la autoridad de Cristo, puede triunfar sobre cualquier tentación. Su espíritu empodera sus emociones para recibir la gracia, paz y gozo que usted necesita para ser vencedor. Su espíritu surge lleno de la gloria de Dios y vestido con Su majestad. Con la fortaleza de un vencedor, usted puede ser victorioso sobre los planes destructivos que vengan contra usted.

Su carne puede ser tentada con la inmoralidad, adicción, violencia, asesinato y cualquier otro hecho pecaminoso. Tal vez su mente se sienta atraída al engaño o pensamientos opresivos. Esos pensamientos son conducentes a todo tipo de emociones que drenan la vida—odio, auto-conmiseración, desaliento, ira, desesperanza. Puede hallar liberación de esas tentaciones en el lugar secreto.

Toda vez que se enfrente a la tentación, corra a la seguridad de la amorosa presencia de Dios. Su corazón será levantado en adoración para su Padre. Y el Espíritu Santo le mostrará Su estrategia para llevarlo a una vida de mayores triunfos. En lugar de luchar para orar contra la tentación, suplicar por victoria o hundirse en la fosa de pensamientos y emociones opresivas, hallará paz y vida en la presencia de Dios. La tentación se convertirá en victoria cuando su corazón se hinche en alabanza por Su bondad y majestad.

Satanás puede ser astuto y artero y un imitador, pero no es creativo. En el lugar secreto, Dios nos muestra los patrones predecibles que el malvado usa para tratar de meternos en la tentación. El lugar secreto está rebosante de creatividad. ¿Acaso no es eso lo que uno esperaría en la presencia del Creador? Dios le dará conocimientos creativos para cambiar la atmósfera a su alrededor y vencer la oscura opresión del tentador.

Jesús nos enseñó a orar, "No nos metas en tentación". Él nos da caminos creativos que nos conducen lejos de esos viejos patrones que utiliza el maligno. El Espíritu Santo nos mostrará nuevas rutas, nuevas formas de hacer las cosas y que nos llevan a la justicia, al gozo y la paz.

Tal vez descubra que lucha con la tentación por la atmósfera que hay en casa o en el trabajo o en su comunidad. Puede ser que esté rodeado de personas vilipendiosas o acosadoras o que afectan sus emociones. Pero en el lugar secreto, recibirá pensamientos creativos y revelación divina para saber cómo surgir y cambiar la atmósfera. Será transformado de la persona que es influenciada por la atmósfera a ser una que influencia la atmósfera. Usted vence la atmósfera de derrota con la atmósfera del lugar secreto que lleva dentro.

La batalla es del Señor

En un mensaje acerca del lugar secreto, Graham Cooke dijo,

> "Usted no tiene que luchar contra el enemigo por todo. A veces únicamente necesita saber cómo regresar al lugar secreto y esperar. Hay ocasiones

en las que el enemigo quiere que pelee contra él. Sin embargo, usted solo lucha en su contra cuando Dios le dice que lo haga. Hay ocasiones en las que debe retroceder para ir a su refugio, y dejar que Dios lo defienda. Ignore al enemigo. No debe ir a atacar o a defender cosas del enemigo cada vez; solo lo hace cuando Dios le dice que lo haga. Las demás veces deberá estar ocupado en Jesús."

En 2 Crónicas 20, el rey Josafat y su gente acudieron a Dios en oración—al lugar secreto—para recibir el plan de batalla. El Señor les dijo, "la batalla no es de ustedes sino mía... quédense quietos en sus puestos, para que vean la salvación que el Señor les dará" (v. 15, 17). Dios les estaba diciendo, "que ignoraran al enemigo, que permanecieran ocultos en Él y vieran que Él los libraría".

En lugar de enviar a los soldados a la batalla, Josafat decidió convocar al servicio de adoración más grande que pudo. Y Dios derrotó a los ejércitos enemigos. Josafat y su pueblo salieron a ver el botín de la guerra y encontraron tesoros en abundancia. Era más de lo que podían cargar, tardaron días en reunirlo todo. Recibieron tanta bendición que nombraron al área el valle de Beraca, que significa el "valle de la Bendición".

¿Cómo se convirtió el valle de batalla de Josafat en el valle de la bendición? Cuando en lugar de apresurarse a pelear su propia batalla, misma que lucía inútil, él inquirió en el Señor ahí en el lugar secreto. Dios dijo que no pelearan y ellos no pelearon; adoraron. Permaneció oculto en Dios y Dios defendió a Israel y así el rey pudo reunir el tesoro y celebraron la bendición de Dios.

Hay veces en que inquirimos del Señor y Él nos da un plan de batalla. Nos involucramos en la batalla y lo hacemos siguiendo la orden directa del Capitán de los ejércitos, Jesús.

Nos ponemos de acuerdo con Él por el poder del Espíritu Santo y bajo la protección de nuestro Padre. Él siempre "siempre nos lleva triunfantes" (2 Co. 2:14) porque Él ya conquistó cada maquinación del maligno.

A esa altura, participamos en la guerra espiritual de forma proactiva. Estamos en la ofensiva en lugar de a la defensiva. En términos de deportes, tenemos la bola y estamos listos para anotar, en lugar de tratar de impedir que el enemigo anote en contra nuestra.

Quiero aclarar algo: para que Dios nos *lleve* siempre triunfantes, debemos *ir* con Él. Hacerlo a veces significa adentrarnos más allí donde estamos ocultos en el lugar secreto. Otras veces quiere decir que nos involucramos en la batalla tan llenos del Espíritu Santo y vestidos con la autoridad de Cristo que el aroma a victoria que tenemos hace que el maligno huya (vea 2 Co. 2:14-16). De cualquiera de las dos maneras, sabemos que la batalla es del Señor y que Él nos llevará a la victoria.

El lugar secreto y el campo de batalla

El Padre y el Espíritu Santo sellaron el bautismo de Jesús al hacer su presencia evidente. Después, luego de Su bautismo, Jesús fue guiado por el Espíritu Santo al desierto, en donde permaneció durante 40 días. El desierto era un lugar de soledad en donde Jesús fue apartado de las distracciones. También estaba ayunando. ¿Qué otra cosa va con el ayuno? La oración.

El tiempo de Jesús en el desierto no fue para confinamiento solitario. Él fue allí para pasar tiempo con Su Padre cuando se preparaba para lanzar Su ministerio terrenal. El desierto era el lugar secreto de oración.

Entre los tiempos de oración y de escuchar a Su Padre, llegó el tentador. Excepto que Jesús tenía la fuerza que necesitaba para enfrentarse a la tentación en ese campo de batalla porque estaba ahí con Su Padre. El Hijo de Dios estaba lleno del Espíritu Santo y ya tenía la respuesta para derrotar al tentador porque ya había escuchado de parte de Su Padre. Antes de que el desierto se convirtiera en un campo de guerra espiritual, Jesús ya lo había convertido en Su lugar secreto.

Jesús siguió este patrón toda Su vida. Mencionamos antes que en Marcos 4, cuando los discípulos estaban aterrorizados con la violenta tormenta en el mar, Jesús dormía plácidamente en la popa del bote. Sus discípulos cedieron a la tentación del temor, pero Jesús hizo de la tormenta Su lugar secreto. El lugar secreto con Su Padre fue establecido dentro de Él. La tormenta no era un campo de batalla para Él. Era un lugar de paz interior porque Él llevaba la paz del Padre adentro.

La mayor guerra espiritual de Jesús se llevó a cabo en Getsemaní poco tiempo antes de Su crucifixión. Pero allí, también se había reunido antes con Su Padre, porque iba al jardín con frecuencia a orar. Cuando batallaba contra Su propia voluntad y agonizaba anticipando el sufrimiento en la cruz, Jesús ya era victorioso porque tenía historia en ese lugar con Su Padre. Antes de que fuera un campo de batalla fue un lugar secreto.

Si hay una área en la que usted es vulnerable a la tentación o a la guerra espiritual, edifique un santuario ahí. Comparta con Dios de manera intencional y acoja Su presencia. Estará tan lleno de fortaleza del Espíritu Santo y de la sabiduría de Dios que tendrá una respuesta lista cuando llegue el tentador. Usted ya tiene historia con Dios para convertir ese lugar en uno de victoria y vida en Su presencia.

Mi esposo pone en práctica esto en su trabajo. La crítica, los propósitos ulteriores y los pecados secretos solían empañar la atmósfera de su lugar de trabajo. Pero después de batallar con la frustración y la tentación a responder de formas que no le agradaban, Dave comenzó a convertir su lugar de trabajo en un santuario de oración. Al vivir consciente de la presencia de Dios, el maligno ya no lo molestaba de las mismas maneras. La atmósfera en el trabajo cambió de frustrante a bendición. Lo que fue un campo de batalla se hizo fértil para la bondad de Dios.

Guerra espiritual desde el lugar secreto

Encontramos la llave a la guerra espiritual en un pasaje clásico de la Escritura:

> "Porque no tenemos lucha contra sangre y carne, sino contra principados, contra potestades, contra los gobernadores de las tinieblas de este mundo, contra huestes espirituales de maldad en las regiones celestes. Por tanto, tomad toda la armadura de Dios, para que podáis resistir en el día malo y, habiendo acabado todo, estar firmes... Orad en todo tiempo con toda oración y súplica en el Espíritu, y velad en ello con toda perseverancia y súplica por todos los santos."
>
> Ef. 6:12-13, 18 (RVR1995)

Este pasaje explica tanto la guerra espiritual como la jerarquía de los espíritus oscuros. También nos muestra la armadura poderosa y efectiva que tenemos en Cristo. Aunque la llave, como vemos en el versículo 18, es la oración: orar siempre con toda perseverancia y súplica.

La "oración" acá se refiere a toda modalidad de oración:

acción de gracias, petición, solicitud. La súplica hace referencia a una búsqueda en serio por los beneficios. Cuando le pedimos los beneficios a Dios, no estamos rogándole que supla nuestros escasos deseos, sino que buscamos Su bendición y favor. Así, en medio de la guerra espiritual, podremos florecer y prosperar en lugar de simplemente sobrevivir.

En la guerra espiritual necesitamos buscar los beneficios, las bendiciones y las recompensas que Dios tiene para nosotros. Los creyentes con buenas intenciones pueden desanimarse y sentirse oprimidos cuando quedan atrapados en la batalla. Pueden estar tan preocupados con alzar la espada que pasan por alto la bendición de Dios y descuidan el alzar sus voces en adoración. Cuando nos enfocamos en los poderes de las tinieblas se nos puede escapar la revelación de la majestad de Dios.

Daniel 10 cuenta de una guerra espiritual. En una conversación celestial, Daniel recibió revelación acerca de una batalla espiritual. Él vio como estaba obrando el Espíritu Santo en la tierra y en la atmósfera. Dios también le mostró el futuro. Pero Daniel escribió, "Mientras él me hablaba, recobré las fuerzas" (v. 19, RVR1995). En ese lugar secreto el hombre de Dios recibió aliento en lugar de ser drenado espiritualmente.

Si perdemos el gozo o la paz hemos perdido una batalla. Cuando la guerra espiritual se convierte en algo que nos drena la vida, es hora de ir más adentro al lugar secreto para encontrar esa relación de oración que da vida en Dios y ser restaurados. Nuestro gozo interno, la paz y la fuerza son renovados y refrescados. Cuando vivimos en la presencia profunda de Dios, nuestra alma prospera en cada batalla. En el lugar secreto obtenemos la revelación espiritual para sacar ventaja en la batalla.

Proclamaciones que vencen al mal

Hay una revelación final para vencer el mal en Apocalipsis 12:11, "Ellos lo han vencido por medio de la sangre del Cordero y de la palabra del testimonio de ellos, que menospreciaron sus vidas hasta la muerte".

Un "testimonio" es la declaración de un testigo que habla con la autoridad de uno que sabe. Es una proclamación que domina. Nuestra proclamación recibe poder y se llena de vida en ese tiempo que pasamos en el lugar secreto en oración. Cuando recibimos la palabra del Señor allí, recibimos la proclamación de Dios llena de poder y sabiduría del cielo. Esa proclamación lleva la autenticidad de Aquel con el que nos relacionamos íntimamente a través de la oración.

La palabra de nuestro testimonio no es lo que sabemos; es aquel al que conocemos. Cuando se pronuncia esta proclamación el infierno tiembla y vencemos al maligno.

Antes mencioné que mi esposo hizo de su trabajo un santuario de oración. Dave conoce por experiencia que Dios trae orden y un ambiente en el que los jóvenes pueden recibir educación y bendición siempre que algo causa caos en las instalaciones educativas. Una proclamación simple pero poderosa de la bondad de Dios reajusta la atmósfera.

Hay veces en que me comienzo a sentir frustrada, desalentada o cansada con las circunstancias que me rodean. Y es común que en el lugar secreto de oración oiga al Señor decir, *Mi gracia es suficiente. Tengo gracia más que suficiente para ambos.* Esa se convierte en mi proclamación, en esa que irrumpe a través de la ansiedad y me restaura la paz: ¡la gracia de Dios es más que suficiente!

En Juan 16:33, Jesús dijo, "Yo les he dicho estas cosas para que en mí hallen paz. En este mundo afrontarán aflicciones, pero ¡anímense! Yo he vencido al mundo". Si quiere paz, habite con el Príncipe de Paz. Si quiere ser más que vencedor, habite con Aquel que ha vencido al mundo.

11

Vida fructífera, oración fructífera

> "Porque tuyo es el Reino, el poder y la gloria, por todos los siglos. Amén."
>
> Mt. 6:13

La fructificación está en la naturaleza de Dios. Es Su intención que seamos fructíferos y cuando habitamos con Él en el lugar secreto, nuestras vidas se hacen fructíferas y los resultados de esa relación profunda son relevantes y gratificantes.

Nunca fue el plan de Jesús que nuestras vidas quedaran estancadas o que nuestras oraciones fueran intrascendentes. Él tiene mucho que decir acerca de la fructificación que rebalsa de nuestra vida cuando vivimos en Él: "El que permanece en mí, como yo en él, dará mucho fruto" (Jn. 15:5). Y no solo eso sino que Jesús tiene planeado que Su vida a través de la nuestra lleve fruto en proporciones exponenciales: "el que cree en Mí las obras que yo hago también él las hará, y aun las hará mayores, porque Yo vuelvo al Padre" (Jn. 14:12). También prometió que tendríamos "cualquier cosa que ustedes pidan en mi nombre" (Jn. 14:13) y que podemos esperar que Su abundancia fluya a través de nuestra vida (vea Jn. 10:10).

¿Qué necesitamos para que estas cosas sucedan? En el capítulo 4 vimos que necesitamos la "fe como una semilla de mostaza" (Mt. 17:20), algo pequeño con la capacidad de crecer para convertirse en algo grande. La oración de fe tiene la capacidad de obtener grandes resultados. Nuestra oración es como una semilla que parece pequeña e inerte cuando está aislada. Así como la semilla que salta a la vida y explota para fructificar cuando la plantamos en el suelo, nuestras oraciones rebalsan de vida cuando estamos ocultos en una comunión profunda con Dios. Somos transformados en portadores de luz y de vida cuando habitamos en la presencia del Dador de luz y vida.

Hemos visto que cuando oramos y adoramos en el lugar secreto, vemos las cosas de forma diferente. Vemos desde la perspectiva del cielo, con revelación profunda de Dios y de Sus caminos. Nuestras mentes se renuevan para pensar de la forma ilimitada como lo hace el cielo, no más restringidas por los topes de la mentalidad del mundo. Al ver las cosas de forma diferente, oraremos dando frutos porque estaremos orando *con* Dios en lugar de solo *hacia* Dios.

La oración fructífera se relaciona con Dios—conociéndolo, escuchándolo, observándolo, conversando con Él y proclamando Sus intenciones. Al orar en el lugar secreto de la habitación de Dios, Él nos manifiesta Sus caminos, Su sabiduría y Su poder para que llevemos fruto en nuestras oraciones.

Podemos entender cómo acceder a las promesas y recursos del cielo para liberar la plenitud de Sus bendiciones en nuestra vida cuando tenemos comunión profunda con Dios. Nuestra forma de vida está descrita en Efesios 3:19–20 cuando Pablo oró que sus lectores, "Que conozcan ese amor que sobrepasa nuestro conocimiento, para que sean llenos de la plenitud de Dios. Al que puede hacer muchísimo más que todo lo que podamos imaginarnos o pedir, por el poder que obra eficazmente en nosotros, ¡a él sea la gloria en la iglesia y en Cristo Jesús por todas las generaciones, por los siglos de los siglos! Amén."

¿Cuál es el secreto? Usted ya sabe cuál es:

> "Pero tú, cuando ores, entra en tu cuarto, cierra la puerta y ora a tu Padre que está en secreto; y tu Padre, que ve en lo secreto, te recompensará en público."
>
> Mt. 6:6 (RVR1995)

La puerta abierta del cielo

La oración abre la puerta a toda la provisión, vida abundante y revelación que el Padre tiene para nosotros. Nuestro Señor está ansioso por hablarnos y bendecirnos. Nos ha invitado a entrar a Su presencia, a donde Él pueda mostrarnos la majestad de Su Reino. Juan lo vio en una visión:

> "Después de esto miré, y vi que había una puerta abierta en el cielo. La primera voz que oí era como de una trompeta que, hablando conmigo, dijo: '¡Sube acá y yo te mostraré las cosas que sucederán después de éstas!'"
>
> Ap. 4:1 (RVR1995)

Dios nos lleva al ámbito celestial, desde donde podemos ver los asuntos de la tierra desde Su perspectiva. Él nos muestra las riquezas de Su poder, gracia y recursos que van más allá de solo suplir nuestras necesidades. Al ver desde Su ámbito espiritual, Él nos muestra que los asuntos de la tierra están obrando en conjunto para que la plenitud de Su Reino llegue a nuestra vida y así florezcamos espiritualmente. Cuando oramos, se abre la puerta del cielo para que podamos ver más allá de nuestras experiencias terrenales y abracemos la vida eterna.

Cuando somos transportados a este ámbito celestial a través de la oración, entramos a una adoración profunda que proviene de ver la majestad de Dios. Nuestra oración se vuelve en algo menos enfocado en nosotros y más enfocada en Él.

Porque Tuyo es el Reino, oh Dios. Tú eres majestuoso, el soberano. Qué todos los reinos de la tierra sepan que solo Tú eres Dios. Qué las intenciones de Tú corazón sean demostradas en la tierra.

Porque Tuyo es el poder, oh Dios. Solo Tú tienes el poder para redimirnos. Tú nada más tienes el poder para traer el orden del cielo al caos de la tierra. Muestra Tu poder en nosotros y a través de nosotros.

Muéstranos Tu gloria, oh Dios. Somos atraídos a Tu bondad y gloria. La luz de Tu presencia nos da gozo y esperanza. Cuando vemos Tu gloria, nosotros también surgimos como una expresión de la luz de Tu gloria.

Tu reino, Tu poder y Tu gloria nos dan vida.

> "Porque tuyo es el Reino, el poder y la gloria, por todos los siglos. Amén."
>
> Mt. 6:13

www.ingramcontent.com/pod-product-compliance
Lightning Source LLC
Chambersburg PA
CBHW070853050426
42453CB00012B/2180